DER SELBST-VERSORGER GARTEN

GÄRTNERN NACH BILDERN

Planung • Pflege • Gemüsearten

Benzstraße 56, D-71272 Renningen

www.garant-verlag.de

ISBN 978-3-7359-0260-3

Komplettproducing: twinbooks, München
Text und Lektorat: Melanie Goldmann, Eva Hutter, Simone Steger für twinbooks, München

DER SELBST-VERSORGER GARTEN

GÄRTNERN NACH BILDERN

Planung • Pflege • Gemüsearten

garant

Inhalt

Symbole

PFLANZEN-TYP
WUCHS-HÖHE
WUCHS-BREITE
BLÜTE-ZEIT
ERNTE-ZEIT
STANDORT
WASSER-BEDARF
AUSSAAT
VORRATS-HALTUNG
SCHNITT-ZEIT

Vorwort

Selbstversorgung aus dem eigenen Garten liegt voll im Trend. Während die Industrie immer wieder neue verarbeitete Lebensmittel auf den Markt bringt, geht der Trend wieder zurück zur Natürlichkeit. Biolebensmittel boomen ebenso wie das Einmachen und Einkochen von Obst und Gemüse ganz nach eigenen Wünschen. Zwar können wir heutzutage alles im Supermarkt kaufen und sind längst nicht mehr auf den Eigenanbau angewiesen, doch auch Gesundheitsbewusstsein und die Rückkehr zum Natürlichen sind heute wieder ein wichtiges Thema.

Und was könnte gesünder und natürlicher sein als Lebensmittel aus eigenem Anbau? Selbst gesät, angepflanzt und geerntet, haben Obst, Gemüse und Kräuter die meisten Vitamine, das beste Aroma, die größte Frische und die wenigsten Schadstoffe. Man spart Geld und kann durch eine kluge Vorratshaltung das ganze Jahr über in den Genuss des eigenen Ertrags kommen. Darüber hinaus schätzen die meisten Gartenbesitzer die Gartenarbeit als Möglichkeit der Entspannung und Freizeitbeschäftigung. Auch Kinder lernen mit einem Selbstversorgergarten eine gesunde Ernährung und den Umgang mit der Natur kennen.

Wer bisher vor dem Anbau von Obst, Gemüse und Kräutern im eigenen Garten zurückgeschreckt ist, kann beruhigt sein: Die meisten essbaren Pflanzen lassen sich ganz leicht anbauen, pflegen und in der heimischen Küche verwerten. Auch wer keinen großen Garten besitzt, kann dabei auf Balkon oder Terrasse das eine oder andere schmackhafte Lebensmittel für den Eigenbedarf selbst anbauen.

Wie dies geht, erfahren Sie in diesem Buch. Von der Gartenplanung bis hin zur Vorratshaltung ist hierbei an alles gedacht. Neben dem grundlegenden Know-how und ausführlich bebilderten praktischen Tipps und Infos rund um den Selbstversorgergarten finden Sie hier außerdem noch Porträts zu den wichtigsten Obst-, Gemüse- und Kräuterarten, um sich für Ihren eigenen Garten inspirieren zu lassen. So wird das Gärtnern auf jeden Fall zu einem schmackhaften Erlebnis!

GRUNDLAGEN

Selbstversorgung aus dem eigenen Garten

Früher war es gang und gäbe, dass der eigene Garten mindestens zu einem gewissen Teil zur eigenen Versorgung mit Lebensmitteln diente. Inzwischen erfährt diese Idee ein Revival, denn immer mehr Menschen legen Wert auf eine gesunde Ernährung.

Zwar bedeutet das Anlegen von Obst-, Kräuter- und Gemüsebeeten zunächst etwas Arbeit und Saatgut sowie Werkzeuge müssen erst angeschafft werden, langfristig zahlt sich diese Investition jedoch aus. Denn die Pflanzen im eigenen Garten liefern Bio-Lebensmittel in unschlagbarer Qualität. Während viele Lebensmittel aus dem Supermarkt chemisch behandelt, stark verarbeitet und mit ungesunden Zusatzstoffen versehen sind, können Sie beim Eigenanbau sicher sein, dass Sie weitgehend unbelastetes Obst und Gemüse zu sich nehmen. Zudem bereiten die Gartenarbeit, die Ernte und die Verarbeitung in der Küche Spaß und sind eine wunderbar beruhigende Abwechslung zum Alltagsstress. Der Stolz bei der ersten Ernte und der Genuss aromatischer Lebensmittel sind ohnehin unvergleichlich.

GRUNDSÄTZLICHE ÜBERLEGUNGEN

Am Anfang jeder Überlegung stehen folgende Fragen: Soll der Garten eine vollständige Selbstversorgung ermöglichen oder den Speiseplan nur weitgehend ergänzen? Wie viele Personen sollen mit dem Garten versorgt werden? Was soll angebaut werden? Wie viel Zeit kann man in die Gartenarbeit investieren? Wie viel Platz steht zur Verfügung? Wer sich weitgehend aus eigenem Anbau selbst versorgen möchte, muss hierfür mit einer Nutzfläche von ca. 50–70 Quadratmetern pro Person rechnen. Bei einer teilweisen

Selbstversorgung reichen ca. 25 Quadratmeter pro Person. Haben Sie jedoch weniger Platz und soll der Garten nur einer teilweisen Selbstversorgung dienen, können Sie die Nutzfläche auch entsprechend kleiner gestalten. Selbst auf Balkon und Terrasse lassen sich noch einige Nutzpflanzen anbauen. Wird eine weitgehend autarke Selbstversorgung angestrebt, sind weitergehende Überlegungen nötig. So muss man etwa für eine möglichst breite Auswahl an Nutzpflanzen sorgen, die den dauerhaften Bedarf das ganze Jahr über decken und eine gewisse Abwechslung garantieren. Für alle Nichtveganer kommt zudem die Überlegung hinzu, Kleintiere wie Geflügel und Kaninchen sowie Bienen im Garten zu halten. So sorgt man für Fleisch, Eier und Honig aus eigener Herstellung und muss für eine allgemein übliche abwechslungsreiche Ernährung nur noch Getreide- und Milchprodukte hinzukaufen.

STANDORT UND BODEN

Der Ort, an dem der Selbstversorgergarten angelegt wird, bestimmt maßgeblich, was, wie und wie viel angebaut werden kann. Damit es überhaupt gelingt, einen ertragreichen Nutzgarten anzulegen, sollte man zunächst sein Augenmerk auf die Gartenlage richten. Ideal sind Gärten in Süd-, Südost- oder Südwestlage. Ein nach Norden hin ausgerichteter oder im Schatten von Bäumen liegender Garten bringt hingegen eine geringere Ernte. Viele Pflanzenarten benötigen zudem windgeschützte Standorte. Eine nach Norden oder Westen abschirmende Hecke schützt hier empfindliche Arten besonders im Frühling und Herbst vor Wind. Achten Sie jedoch darauf, dass der Lichteinfall hierdurch nicht beeinträchtigt ist. Praktisch sind z. B. Beerenhecken oder frei stehende Spaliere mit Weinreben oder Kiwis, die neben dem Windschutz auch gleich einen zusätzlichen Fruchtertrag liefern. Achten Sie auch darauf, dass nicht nur für Obstbäume und -sträucher sowie Gemüse- und Kräuterbeete Platz im Garten sein muss, sondern auch alles Übrige wie z. B. ein Wasseranschluss, Regentonnen, ein Geräteschuppen, Unterschlupfmöglichkeiten für Nützlinge oder ein Komposthaufen vorhanden sein sollte. Wichtig ist auch die Bodenbeschaffenheit. Der ideale Boden ist weder zu sandig noch zu lehmig. Ist er zu sandig, fehlen ihm die Nährstoffe, ist er zu lehmig, liegt der pH-Wert im sauren Bereich, was die Gartenpflanzen ebenfalls nicht gut vertragen. Hier empfehlen sich Bodenverbesserungsmaßnahmen. Anhaltspunkte über die Bodenbeschaffenheit liefert die Analyse einer Bodenprobe.

AUSWAHL DER PFLANZEN

Die Auswahl der Pflanzen folgt verschiedenen Kriterien. Hier ist zunächst einmal die Gartengröße zu nennen. Denn besonders Obstgehölze beanspruchen viel Platz im Garten. Vor allem bei geringem Platzangebot gilt es, gezielt auszuwählen. Platzsparend können Obstgehölze z. B. in Spalierform oder als Spindelbüsche gezogen werden. Große Gehölze wie Birnen-, Apfel- oder Süßkirschen-Hochstämme sind hingegen eher etwas für größere Gärten. Um optimale Erträge zu erzielen, sollte man sich außerdem darüber informieren, welche Pflanzen gut zusammenpassen und welche lieber nicht zusammen gepflanzt werden sollten. Hier müssen Nährstoffansprüche und Verwandtschaftsverhältnisse berücksichtigt werden (siehe Mischkultur, S. 26ff). Dane-

URBANE GÄRTEN: *Urban Gardening ist ein Trend, der auch Städtern die Nutzung kleinräumiger Gartenflächen zur Ernte von Kräutern, Obst und Gemüse ermöglicht. Wer keinen eigenen Garten besitzt, kann Selbsternte- oder Saisongärten in Stadtgebieten nutzen.*

ben sollte aber auch die zeitliche Abfolge von Wachstums- und Erntezeiten beachtet werden (siehe auch Fruchtfolge, S. 26ff). Erstellen Sie daher eine Liste der Pflanzen, die Sie gern essen und anbauen möchten. Berechnen Sie Ihren Bedarf und entscheiden Sie auf dieser Grundlage, wie viele Pflanzen Sie in Ihrem Garten ansiedeln. Stimmen Sie zudem den Platzbedarf der Pflanzen mit dem Platzangebot in Ihrem Garten ab. Ein weiterer Faktor ist die eigene Zeit, denn mehr Pflanzen machen natürlich auch mehr Arbeit. Und auch, wer einen großen Garten hat, sollte sich für den Anfang nicht zu viel vornehmen. Denn vor allem, wer berufstätig ist bzw. eine große Nutzfläche allein bewirtschaften möchte, kann dabei rasch ins Schleudern kommen. Besser ist es daher, den Selbstversorgergarten zuerst kleiner zu halten und bei Bedarf und gutem Gelingen in der Folgezeit Schritt für Schritt auszubauen. Wählen Sie anfangs am besten einige wenige Obst-, Gemüse- und Kräutersorten, um ein Gefühl dafür zu entwickeln, wie viel Arbeit und Zeitaufwand in der Bewirtschaftung steckt. Sinnvoll ist es z. B., anfangs drei Lieblingsgemüsearten anzupflanzen und sie durch einige passende Nachbarpflanzen zu ergänzen. Wer eine weitgehend autarke Selbstversorgung aus eigenem Anbau anstrebt, kann sich so nach und nach daran annähern. Außerdem gibt es Pflanzen, die aufwendiger zu pflegen sind als andere. Dies ist vor allem dann zu beachten, wenn man berufstätig ist und wenig Zeit für die Gartenarbeit hat. Informieren Sie sich daher über die einzelnen Pflanzenarten, um einschätzen zu können, wie aufwendig ihre Pflege ist und wie lang es dauert, bis die gewünschten Erträge erreicht sind. Verfügen Sie z. B. nur über eine kleine Anbaufläche und haben Sie wenig Zeit für Gartenarbeit und Vorratshaltung, kommen vor allem anspruchslose Pflanzenarten infrage, die sich auch gut frisch verzehren lassen, wie z. B. Kräuter, Salat, Radieschen oder Beerenobst. Einfach zu kultivieren sind auch Zucchini oder Stangenbohnen, die mit wenigen Samen bzw. Pflanzen einen hohen Bedarf decken können. Auch Kürbisse, Tomaten oder Paprika eignen sich als Einsteigerpflanzen. Mit der Zeit werden Sie Neues dazulernen und sich, wenn Sie mit der Pflege der ersten Pflanzen gut zurechtkommen, auch an solche wagen können, deren Anbau und Pflege aufwendiger ist.

N 50

Nutzgarten planen

Nach den ersten grundsätzlichen Überlegungen geht es an die konkrete Planung. Ein Anbauplan hilft dabei, stets die besten Erträge zu erzielen. Hierzu sollten Sie sich vor Beginn der Arbeiten einen genauen Plan zulegen, was Sie anbauen möchten und wie Sie Ihre Beete optimal anlegen und ausnutzen können.

TIPP

» Bei Obstgehölzen ist darauf zu achten, dass alle Pflanzen ausreichend Licht bekommen und vor Frost geschützt sind. So werden hochwachsende Bäume stets im Norden und kleinere Obstgehölze wie z. B. Johannisbeersträucher im Süden gepflanzt. Obstbäume sollten – z. B. durch Zäune oder Hecken – vor starkem Wind geschützt sein, ein leichter Wind kann hier jedoch die Bestäubung fördern und die Gehölze gesund erhalten. «

Skizzieren Sie Ihren Garten in einem Plan. Beobachten Sie die einzelnen Standorte: Sind die Böden lehmig, feucht oder sandig? Welche Stellen sind sonnig, welche schattig, welche windgeschützt oder der Witterung mehr ausgesetzt? Tragen Sie die Himmelsrichtungen, die vorherrschende Windrichtung, Hanglagen, Wasserquellen sowie vorhandene Bäume und Sträucher ein und markieren Sie die Bereiche farbig, die sonnige, halbschattige und schattige Standorte bieten. Diese Zeichnung gibt erste Anhaltspunkte, welche Standorte für welche Pflanzen geeignet sind. Markieren Sie dann die Flächen, die Sie für Ihren Selbstversorgergarten verwenden wollen. Informieren Sie sich, welche Pflanzen, die Sie in Ihrem Garten beherbergen wollen, welche Standort- und Bodenansprüche haben. Listen Sie dann die gewünschten Pflanzen auf und sortieren Sie sie grob nach sonnen- und schattenliebenden, windempfindlichen und spätfrostgefährdeten Pflanzen. Die meisten Obst- und Gemüsesorten mögen am liebsten sonnige, windgeschützte Standorte. Zwar vertragen viele Sorten auch Halbschatten, doch sie benötigen dann mehr Zeit, um erntereif zu werden. Damit Sie das ganze Jahr über ernten können, sollten Sie sowohl frühe als auch späte Gemüse- und Obstsorten anbauen. Wichtig ist aber auch der persönliche Geschmack. Denn was nützt es, Obst und Gemüse anzubauen, das gar nicht oder allenfalls unwillig verspeist wird.

GARTENANLAGE PLANEN

Danach geht es an die Anlage des Selbstversorgergartens. Planen Sie je nach Wunsch Gemüsebeete, Obstbäume oder Beerenobsthecken ein und vergessen Sie auch nicht Geräteschuppen und Kompostplatz. Bei der Beetanlage haben Sie die Wahl zwischen verschiedenen Beetformen: vom Flachbeet über Hügel- und Hochbeet bis hin zu Frühbeeten und Gewächshäusern. Klassisch sind Flachbeete mit ca. 1,2 Meter Breite. Die Länge wird von den örtlichen Gegebenheiten bestimmt. Teilen Sie größere Beete mit Wegen (z. B. aus Rindenmulch oder Trittplatten), damit auch die Beetmitte noch gut erreichbar ist. Beeteingrenzungen sind hingegen nicht unbedingt notwendig, können jedoch zur Schneckenabwehr beitragen. Planen Sie außerdem auch vertikale Flächen wie Obstspaliere oder an Zäunen, Wänden oder Pergolen rankende Gemüsesorten wie Erbsen oder Stangenbohnen ein.

Dekorativ angelegte Gemüsegärten stellen in jedem Garten einen Blickfang dar und können durchaus auch als Ersatz für Blumenbeete dienen.

1 Dekorative Gestaltung der Gemüsebeete

2 Gemüse- und Kräuteranbau am Haus

Arbeitserleichternd ist es, wenn das Beet in Hausnähe liegt. So lassen sich auch bei Regen schnell frisches Gemüse und ein paar Kräuter ernten.

3 Separat abgetrennter Gemüsegarten

Achten Sie beim Anlegen des Gemüsegartens darauf, dass alle Bereiche immer gut erreichbar sind. Als Faustregel kann gelten, dass die Wege zwischen den Beeten ca. 30 Zentimeter breit sein sollten.

SONNIGE STANDORTE

Die meisten Gemüsepflanzen benötigen während der gesamten Wachstumsperiode einen ganztägig sonnigen Platz. Bedenken Sie dies bei der Planung der Gemüsebeete und achten Sie auf Bäume und Mauern, die im Frühjahr oder Herbst für Schatten sorgen. Fehlt die notwendige Sonne, reift das Gemüse nicht vollständig aus.

Obst, Gemüse und Blumen bilden hier eine harmonische Einheit. Hier verbindet sich das Nützliche mit dem Schönen, sodass Sie in Ihrem Garten weder auf das eine noch auf das andere verzichten müssen.

4 Gemüseanbau in den Garten integriert

5 Gewächshaus

Gewächshäuser gibt es in unterschiedlichen Größen und Ausführungen. Der Vorteil ist, dass Sie darin bis weit in den Herbst hinein anbauen und ernten können und die Pflanzen auch bei häufigem Regen geschützt sind.

VORBILD BAUERNGARTEN

Die klassichen Bauerngärten dienen oft als Vorlage für Gärten, in denen Gemüse, Obst und Blumen nebeneinander stehen. Häufig sind die Beete durch niedrige Buchsbaumhecken eingefasst. Anregungen für die Planung und Gestaltung eines solchen Gartens liefern oft Freilicht- oder Bauernhofmuseen.

6 Kombinierter Gemüse- und Obstgarten

Legen Sie einen Nutzgarten an, der aus Gemüsebeeten und Obstbäumen besteht, achten Sie darauf, dass die Bäume dem Gemüse nicht zu viel Sonne nehmen. Viele Gemüsesorten vertragen keine schattigen Plätze.

Die schmale und leicht erhöhte Gestaltung erleichtert die Arbeit an allen Stellen des Beetes. Berücksichtigen Sie bei der Planung Ihrer Beete also nicht nur optische, sondern auch praktische Aspekte.

7 Moderner Gemüsegarten

8 Spalierobst

Der Anbau von Spalierobst hat eine jahrhundertelange Tradition, insbesondere bei Wein, Apfel und Birne. Durch den Standort direkt an der wärmenden Hauswand sind die Pflanzen gut geschützt.

Ein runder, als Kreis gestalteter, Gemüsegarten ist eine schöne Alternative zum klassischen Rechteck. Legen Sie darin ein strahlenförmiges Wegenetz an, um alle Segmente gut zu erreichen.

9 Runder Gemüsegarten

BODENANALYSE: *Für ein gesundes Pflanzenwachstum und guten Ertrag ist die Beschaffenheit des Bodens sehr wichtig. Einfache Tests lassen sich problemlos in Eigenregie durchführen. Testsets etwa für den Nitratwert oder die pH-Wert-Messung sind im Fachhandel erhältlich. Eine gründliche Analyse dagegen sollten Sie von einem Labor machen lassen.*

Kräutergarten anlegen

Kräutergarten anlegen

Auch beim Kräutergarten empfiehlt sich das Eintragen möglicher Standorte in einen Anbauplan. Haben Sie sich für einen passenden Ort entschieden, können Sie den Platz direkt im Garten abstecken. Bei der Vielzahl an Kräutern und Heilpflanzen sollte man die auswählen, die immer wieder gebraucht werden.

DER RICHTIGE STANDORT

Für ein kleines Kräuterbeet genügen die wichtigsten Küchenkräuter wie z. B. Petersilie, Dill, Pfefferminze, Basilikum, Liebstöckel, Lavendel, Salbei, Thymian und Rosmarin. Die meisten Kräuter benötigen viel Sonne – idealerweise einen in der Mittagssonne liegenden Platz mit südlicher Ausrichtung – und einen humosen, durchlässigen, lockeren Boden. Falls nötig, kann der Boden mit Sand verbessert werden. Unbedingt zu vermeiden ist Zugluft. Daher ist ein windgeschützter Platz (z. B. durch einen Zaun oder eine Hecke) nötig. Klassisch ist die Anlage eines rechteckigen Kräuterbeets. Kräuterbeete können je nach Geschmack jedoch z. B. auch als Kräuterschnecke bzw. -spirale, Rondell oder Quadrat angelegt werden. Eine überschaubare Größe ist z. B. eine Beetfläche von 2–4 Quadratmetern, wer viele Kräuter anpflanzen möchte, kann jedoch auch schon einmal 8–12 Quadratmeter Fläche wählen. Hier erleichtern Trittwege die Pflege. Da Kräuter häufig in der Küche verwendet werden, ist ein Platz in Küchennähe sinnvoll. Auch auf Fensterbrettern und in Balkonkästen lassen sich zusätzliche Kräuter ansiedeln. Ebenso lassen sich Hanglagen an der West-, Ost- oder Südseite gut für abstützende Trockenmauern oder einen Steingarten mit mediterranen Kräutern wie z. B. Lavendel, Thymian und Rosmarin nützen.

PFLANZENKOMBINATIONEN

Kombinieren Sie am besten verschiedene Kräuterarten miteinander, denn Monokulturen sind krankheits- und schädlingsanfällig und haben eine schlechtere Nährstoffverwertung. Beachten Sie dabei die Standort- und Bodenansprüche der jeweiligen Pflanzen und stellen Sie sie dementsprechend zusammen. Praktisch bei der Pflege ist es auch, die Kräuter nach Wasserbedarf zu kombinieren. So benötigen z. B. Thymian und Rosmarin nur wenig Wasser, Schnittlauch, Pfefferminze und Estragon hingegen haben einen hohen Wasserbedarf. Bei der Kombination von klein- und großwüchsigen Kräutern kommen kleinere Pflanzen an die Südseite, größere an die Nordseite des Beets. Kleine Kräuter wie z. B. Kresse, Petersilie und Basilikum eignen sich auch gut für Randbepflanzungen, während großwüchsige wie z. B. Dill oder Liebstöckel am besten in die Beetmitte kommen. So ist sichergestellt, dass alle Pflanzen genügend Licht erhalten.

TIPP

» Viele Kräuter dienen nicht nur als schmackhafte Küchenkräuter, im Garten können sie auch angrenzende Pflanzen schützen. So hält z. B. Knoblauch Wühlmäuse fern und schützt vor Pilzerkrankungen und Kapuzinerkresse hält Blattläuse von Obstbäumen und -sträuchern fern. Die duftenden Kräuter locken zudem bestäubende Insekten an. «

Besonders empfindliche Kräuter sowie Pflanzen, die nicht winterhart sind, können in dekorative Gefäße gepflanzt werden. So können sie problemlos im Haus überwintert werden oder bei längerem Regen an einen geschützten Platz gestellt werden.

1 Kräuter in Töpfen

Achten Sie bei der Auswahl für Ihr Kräuterbeet auf die unterschiedlichen Ansprüche der Pflanzen an Standort und Bodenbeschaffenheit. Nicht alle kommen mit trockenen und mageren Böden zurecht.

2 Kräuterbeete

DUFTGARTEN: *Niedrige Kräuter, wie beispielsweise Zitronenthymian, eignen sich auch sehr gut als Bepflanzung zwischen Wegplatten. Beim Darüberstreifen verströmen sie einen wunderbaren Duft.*

3 Integrierter Kräuteranbau im Staudenbeet

Wichtig ist, dass sich die Kräuter in die sonstige Bepflanzung gut einpassen.

4 Kräuterspirale

Kräuterspiralen sind nicht nur ein besonderer Blickfang in Ihrem Garten, sondern bieten auch unterschiedlichen Pflanzen die jeweils passenden Standortbedingungen: durchlässig und trocken in der Mitte der Kräuterspirale bis humos und nährstoffreich am unteren Ende.

FRISCH ERNTEN

Da Kräuter mit der Zeit an Aroma verlieren, sollten Sie immer nur so viel abschneiden, wie Sie gerade benötigen.

Einen besonderen Charme entwickelt ein Kräuterbeet, das aus unterschiedlichen Pflanzen zusammengestellt ist. Außerdem können sich dort Schädlinge weniger stark ausbreiten als in einer Monokultur.

5 Mischkultur im Kräuterbeet

6 Kräutersteingarten

Kräutersteingärten brauchen relativ wenig Pflege. So müssen nur störende Pflanzen, die sich selbst ansiedeln, entfernt und zu groß gewordene gelegentlich geteilt werden.

Kräuter können Sie im Sommer direkt ins Beet aussähen. Legen Sie dazu den Samen in eine Furche, bedecken Sie alles mit Erde und halten es immer ausreichend feucht.

7 Kräuter selbst ziehen

Denken Sie daran, Ihre Kräuterpflanzen auf dem Balkon regelmäßig mit Wasser und mit Dünger zu versorgen. Gerade im Hochsommer ist es wichtig, dass die Töpfe nie vollständig austrocknen.

8 Kräuter auf dem Balkon

KRÄUTER ÜBERWINTERN

Ihre Topfkräuter können Sie im Winter in die Wohnung holen und auf der Fensterbank überwintern. Pflanzen, die leichte Fröste vertragen, können Sie ruhig etwas länger im Freien lassen. Beobachten Sie Ihre Kräuter aber immer sehr genau, denn gerade im Winter sind sie besonders anfällig für Schädlinge wie Blattläuse.

Schneiden Sie Ihre Kräuter erst im Frühjahr vor dem Austrieb zurück, da die Pflanzen ansonsten zu stark zurückfrieren. Im Laufe des Sommers sollten Sie die Kräuter regelmäßig auf Schädlinge überprüfen.

9 Kräuterpflege

10 Kräuterbeete winterfest machen

Kräuterpflanzen, die nur bedingt winterfest sind, sollten Sie vor dem Frost mit Reisig oder Laub bedecken. Ungeeignet sind Kunststofffolien, da die Pflanzen darunter schwitzen und zu faulen beginnen.

Gartenarbeit im Jahreslauf

Gartenarbeit im Jahreslauf

In einem gut angelegten Selbstversorgergarten ist das ganze Jahr über etwas zu tun. Informieren Sie sich am besten über die nötigen Pflegearbeiten sowie Aussaat- bzw. Pflanzungs-, Schnitt- und Erntezeitpunkte und erstellen Sie Ihren persönlichen monatlichen Arbeitsplan.

Je nach Pflanzenart sind zu verschiedenen Terminen unterschiedliche Gartenarbeiten nötig.

ERSTE JAHRESHÄLFTE

Das Gartenjahr beginnt bei Tauwetter im Januar mit Schnittarbeiten bei Kernobst wie Apfel, Birne und Quitte. Man versorgt Wunden in der Rinde mit Wundverschlussmittel, schneidet Edelreiser und entfernt vertrocknete, alte Früchte aus den Obstbäumen. Eingelagertes Obst kontrolliert man außerdem auf Fäulnis. Im Februar wird das letzte Wintergemüse geerntet. Bei mildem Wetter entfernt man Pflanzenreste von den Beeten und lockert den Boden mit einem Rechen. Der Boden erhält eine nährende dünne Kompostschicht. Man entfernt Moose und Flechten von den Bäumen und kann damit beginnen, Strauchbeeren zu pflanzen. Der März eignet sich für die Neupflanzung von Obstgehölzen. Auch erste Aussaaten im Freiland sind möglich (z. B. Pflücksalat, Radieschen). Im April düngt man die Obstbäume nach der Blüte mit Kompost, pflanzt Beerensträucher und mulcht die Beete. Nun ist auch die richtige Zeit, um vorgezogene Gemüsepflanzen auszupflanzen und Gewürzkräuter auszusäen bzw. zu pflanzen. Im Mai lockert man dann die Beete mit einer Hacke und schützt wärmeliebendes Gemüse (z. B. Gurken, Paprika) bis Anfang Juni mit Folie. Der Sommerschnitt von Obstbäumen und das Ausdünnen des Fruchtansatzes bei Kernobst stehen im Juni an.

ZWEITE JAHRESHÄLFTE

Der Sommerschnitt von Beeren- und Steinobst folgt im Juli. Im August dünnt man letztmalig die Früchte von Obstbäumen aus, sammelt Fallobst ein und düngt Herbstgemüsekulturen. Das Schneiden von Beerenobststecklingen, der Beginn der Apfelernte und das Sammeln und Verarbeiten von Fallobst fällt in den September. Im Oktober hingegen schützt man Obstbäume mit Leimringen gegen Frostspanner, beginnt mit der Pflanzung von Beeren und erntet an trockenen Tagen Wintergemüse. Obstgehölze werden im November gepflanzt. In diesem Monat schützt man Beete vor der Winterpause mit einer dicken Kompost- oder Mulchschicht. Außerdem kann man die abgeräumte Beetbepflanzung kompostieren. Im Dezember schließlich kalkt man Obstbäume zum Schutz vor der Wintersonne, pflanzt bei offenem Boden Obstbäume und Beerenobst und schützt Wintergemüse mit Vlies vor Frost.

TIPP

» Um die Eigenheiten Ihres Gartens im Lauf der Nutzung besser kennenzulernen und diese zu verbessern, empfiehlt es sich, ein Anbautagebuch zu führen. Hierin skizzieren Sie Ihren Nutzgarten und notieren, in welchem Beet Sie zu welcher Zeit welche Pflanzen angebaut haben und wie erfolgreich Sie damit waren. «

1 Die richtige Planung

Frostfreie, bewölkte Tage im Spätwinter sind ideal für den Rückschnitt der Obstbäume. Achten Sie bei dieser Gelegenheit auch gleich auf mögliche Krankheiten oder den Befall durch Schädlinge.

Nicht jede Gemüsepflanze ist für jede Gegend geeignet. Bedenken Sie dies bei der Planung Ihres Gemüsegartens und wählen Sie am besten nur Sorten aus, die in unserem mitteleuropäischen Klima beheimatet sind.

2 Obstbaumschnitt im Frühjahr

3 Auf Schädlingsbefall prüfen

Sobald die ersten Knospen Ihrer Obstbäume aufblühen, sollten Sie diese regelmäßig auf Schädlinge untersuchen. Hängen Sie bei den ersten Anzeichen eines Befalls Schädlingsfallen aus dem Fachhandel auf.

Die einfachste Art, ein neues Beet anzulegen, ist, den Rasen im Frühjahr mit einem Spaten abzustechen. Die Rasenkante müssen Sie aber im Laufe des Jahres immer wieder ein wenig korrigieren. Alternativ können Sie den Rand aber auch mit Steinen oder Holz befestigen.

4 Neue Beete anlegen

Erst, wenn die letzten Nachtfröste vorüber sind, sollten Sie die jungen Setzlinge ins Freiland pflanzen. Empfindliches Gemüse sollte die erste Zeit noch mit einem leichten Vlies abgedeckt werden.

5 Ins Freie pflanzen

Pflanzen, die Sie auf der Fensterbank aus Samen gezogen haben, müssen Sie im Frühjahr in Töpfe vereinzeln. Die kleinen Pflänzchen können Sie tagsüber an einen geschützten Platz ins Freie stellen.

6 Pflanzen vereinzeln

7 Unkraut jäten

Lockern Sie während der Wachstumsphase den Boden zwischen den Gemüsepflanzen bei Bedarf etwas auf. Stark wucherndes Unkraut, wie etwa die Ackerwinde, sollte dabei vorsichtig entfernt werden.

Streichen Sie die Rinde insbesondere von jungen Obstbäumen im Herst mit einem speziellen Weißanstrich. Dieser schützt die Rinde an kalten Tagen mit starker Wintersonne vor dem Aufplatzen.

8 Weißanstrich als Frostschutz

9 Regelmäßig gießen

Gehen Sie beim Gießen Ihrer Gemüsebeete unbedingt mit Augenmaß vor. Ein Zuviel ist nicht immer von Vorteil, da viele Gemüsepflanzen keine nassen Füße mögen. Prüfen Sie besser, ob die Erde unter der trockenen Oberfläche nicht noch ausreichend Flüssigkeit gespeichert hat.

Im Sommer und Herbst ist Erntezeit. Wenn Sie Ihre Obstbäume regelmäßig schneiden und vor Schädlingsbefall schützen, werden Sie jetzt mit vielen kräftigen und wohlschmeckenden Früchten belohnt.

10 Die Ernte einbringen

WETTERKAPRIOLEN: *Bei der Planung Ihres Gartenjahres spielt das Wetter immer eine entscheidende Rolle. In einem Jahr gibt es ab März keine Nachtfröste mehr, im nächsten Jahr schneit es bis Anfang Mai. Ein Jahr ist sehr trocken, das andere den ganzen Sommer über verregnet. Als Gärtner müssen Sie sich immer wieder aufs Neue darauf einstellen und sich den Bedingungen anpassen.*

Ernte und Ertrag steigern

Ernte und Ertrag steigern

Ihre Erträge lassen sich durch Fruchtfolge und Mischkultur verbessern – vorausgesetzt, Sie machen es richtig. Denn Mischkulturen und Fruchtfolge verhindern eine einseitige Bodenauszehrung und vermindern den Befall der Pflanzen durch Schädlinge.

Bei einer Mischkultur werden mehrere Gemüsearten gemeinsam in einem Beet gepflanzt bzw. gesät, bei der Fruchtfolge pflanzt man Pflanzen mit unterschiedlichen Nährstoffansprüchen jeweils in aufeinanderfolgenden Jahren in dasselbe Beet.

FRUCHTFOLGE

Das Prinzip der Fruchtfolge beruht auf der Beobachtung, dass Pflanzen, die jährlich im gleichen Beet wachsen, dem Boden einseitig Nährstoffe entziehen und sich leichter spezifische Schädlinge ausbreiten, die die Ernte gefährden. Bei der Fruchtfolge unterteilt man daher die Nutzfläche des Gartens je nach Nährstoffgehalt des Bodens in unterschiedliche Beetabschnitte. Danach setzt man Pflanzen mit ähnlichen Bedürfnissen in die einzelnen Beete. Für frisch gedüngte Beete sind Starkzehrer – also Pflanzen, die viele Nährstoffe benötigen – geeignet. Im darauffolgenden Jahr ist ein Teil der Nährstoffe verbraucht und es werden weniger nährstoffbedürftige Mittelzehrer im Beet angesiedelt. Im dritten Jahr bietet das Beet nur noch einen geringeren Nährstoffgehalt und kann mit Schwachzehrern bepflanzt werden, die mit weniger Nährstoffen auskommen. Wenn auch diese nicht mehr genug Nährstoffe aus dem Boden erhalten, wird das Beet gründlich gedüngt, um erneut mit Starkzehrern bepflanzt zu werden.

MISCHKULTUR

Vorteile der Mischkultur sind die optimale Platzausnutzung sowie die Möglichkeit, nahezu die gesamte Vegetationszeit über die Bodenoberfläche zu bedecken und damit den Boden feucht und fruchtbar zu erhalten sowie Unkraut zu vermeiden. Wichtig ist hierbei, von wenigen Ausnahmen abgesehen, dass gleiche Arten nicht mehrere aufeinanderfolgende Jahre auf demselben Beet angepflanzt werden sollten. Als Leitkulturen werden die Pflanzen in einem Beet verwendet, die mehrere Monate benötigen, um erntereif zu werden. Zu ihnen zählen z. B. Tomaten, Sellerie, Paprika und Kürbisse. Die Verträglichkeit von Partnerpflanzen, die Sie zusätzlich im Beet ansiedeln wollen, richtet sich nach diesen Leitkulturen. So können beispielsweise Möhren gut mit Zwiebeln bzw. Lauch gepflanzt werden. Erbsen und Bohnen vertragen sich hingegen schlecht mit Zwiebelgewächsen. Daneben gibt es aber auch viele neutrale Mischkulturen, die sich gegenseitig weder fördern noch stören.

TIPP

» Das Prinzip der Mischkultur basiert auf der Beobachtung, dass auch in freier Natur verschiedene Pflanzen nachbarschaftlich nebeneinander gedeihen und sich gegenseitig fördern können. «

Bevor Sie im Frühjahr mit der Bepflanzung beginnen können, lockern Sie den Boden mit einer Grabgabel gründlich auf. Bei dieser Gelegenheit entfernen Sie auch altes Wurzelwerk und Unkraut.

1 Boden lockern

2 Gute Nachbarschaft

Die Mischung von Gemüse- und Blühpflanzen kann Schädlinge abwehren und das Wachstum verbessern. So vertreiben etwa Ringelblumen als Unterpflanzung bei Tomaten lästige Fadenwürmer im Boden.

3 Ungünstige Nachbarn meiden

Achten Sie auf sinnvolle Pflanzenkombinationen. Hier gibt es Pflanzen, die sich gegenseitig fördern, aber auch solche, die sich gegenseitig beeinträchtigen und in ihrem Wachstum hemmen. Meiden Sie ungünstige und wählen Sie förderliche Kombinationen.

MISCHKULTUR

Bei einer Mischkultur kann ein Beet dreimal jährlich eine Ernte hervorbringen. Zu den typischen Vorkulturen gehören z. B. Mittelzehrer wie Salate, Rettich und Kohlrabi, aber auch Starkzehrer wie Brokkoli oder Blumenkohl. Sie alle können in relativ kurzer Zeit geerntet werden. Besonders schnell erntereif werden auch Rucola oder Radieschen. Typische Nachkulturen sind beispielsweise Feldsalat oder Spinat. Auch Zichoriensalate wie Radicchio oder Endivien werden erst ab Juli/August im Beet angesiedelt. Weitere beliebte Nachkulturpflanzen sind Karotten, Kohlrabi und Knollenfenchel.

SCHLECHTES WETTER

Bedenken Sie, dass bei schlechtem Wetter mit viel Regen leider auch die beste Mischkultur nicht vor Problemen mit Schädlingen schützt.

Ein im Winter erstellter Anbauplan hilft im Frühjahr bei der Einhaltung der Fruchtfolge. Erstellen Sie einen Plan Ihres Gartens, zeichnen Sie Ihre Beete ein und vermerken Sie, welche Pflanzen Sie in den jeweiligen Beeten angesiedelt hatten.

4 Sorgfältige Planung

5 Anspruchslose Pflanzen

Auf ausgezehrten Böden können Sie gut Buschbohnen pflanzen, da diese zu den Schwachzehrern gehören und kaum Stickstoff benötigen. Zu den Schwachzehrern zählen ebenfalls diverse Salate und Kräuter.

BEETE OPTIMAL NUTZEN: *Selbstversorgergärten orientieren sich am Prinzip der Mischkultur, um die Zeit vor und nach der Ernte der Leitkulturpflanzen sinnvoll nutzen zu können. Hierbei ergänzt man die Lücken im Beet durch sogenannte Vor- und Nachkulturen, die schnell wachsen und auf diese Weise vor bzw. nach der Hauptkultur die Erntereife erreichen.*

7 Starkzehrer pflanzen

Starkzehrer sind beispielsweise Gurken, alle Kohlarten, Tomaten, Paprika, Zucchini und Kürbisse. Mittelzehrer sind vor allem Wurzelgemüse wie Möhren, Erdbeeren und Rettich, aber auch Mangold, Rote Bete und Fenchel. Zu den Schwachzehrern zählen vor allem Hülsenfrüche wie Erbsen und Bohnen, aber auch Zwiebeln, Radieschen und Spinat.

Verteilen Sie eine dünne Schicht Stroh als Mulchschicht unter Ihrem Gemüse, so verhindern Sie zum einen das Austrocknen und zum anderen lassen sich so Grauschimmel und die bei Tomaten gefürchtete Krautfäule verhindern.

6 Mulchmaterial

8 Die richtige Reihenfolge

Idealerweise legt man bei der Fruchtfolge drei bis vier Beete oder Beetabschnitte an, die über eine jeweils unterschiedliche Nährstoffsättigung verfügen. So steht Ihnen jedes Jahr für jede Gemüsesorte ein entsprechendes Pflanzfeld zur Verfügung.

Düngen Sie Ihre Beete nicht mit Senf, wenn Sie dort zuvor Kohl angebaut haben (und umgekehrt). Beide Pflanzen gehören zur Familie der Kreuzblütler und fördern die Bodenmüdigkeit. Dies gilt auch für Lupinen und Klee in Kombination mit Erbsen und Bohnen.

9 Ungeeignete Gründünger

10 Gründünger verarbeiten

Bevor die Blüten des Gründüngers ausreifen, mähen Sie die Pflanzen ab und lassen diese auf dem Beet liegen. Wenn alles etwas zusammengefallen ist, arbeiten Sie die Mulchschicht mit einer Grabgabel in den Boden ein.

Ernte von Balkon & Co.

Ernte von Balkon & Co.

Eine teilweise Selbstversorgung ist auch auf Balkon oder Terrasse möglich. Zudem können Sie auch bei einem weitgehend autarken Selbstversorgergarten zusätzliche Flächen auf Balkon oder Terrasse für den Anbau von Kräutern, Obst und Gemüse in Töpfen, Kästen und Kübeln nutzen.

Die beliebtesten Nutzpflanzen gibt es auch als kleinwüchsige Sorten, die gut in Töpfen und Kästen auf Balkonen oder Terrassen Platz finden. Als Balkonobst lassen sich z. B. Himbeeren, Erdbeeren, Speisetrauben und Johannisbeeren anbauen. Daneben gibt es auch kleinwüchsige Obstbaumsorten von Birne, Apfel, Kirsche, Pflaume und Zwetschge. Beim Gemüse eignen sich für einen Balkon- oder Terrassengarten z. B. Tomaten, Zucchini, Kohl oder Kürbis.

GEFÄSSE UND PLATZNUTZUNG

Töpfe und Kübel für Balkon und Terrasse gibt es in allen möglichen Größen, Farben und Materialien. Bei der Größe ist zu beachten, dass das jeweilige Gefäß für die gewünschte Pflanze ausreichend Platz bietet und ein gewisses Wurzelwachstum ermöglicht. Durchlässige Materialien wie unglasierter Ton verhindern Staunässe und sorgen für eine gute Belüftung, dafür schützen undurchlässige Materialien wie Keramik oder Plastik besser vor Austrocknung. Für sonnige Balkone eignen sich helle Töpfe, die das Wasser langsamer verdunsten lassen, besser als dunkle. Achten Sie jedoch auf jeden Fall auf eine gute Dränage durch Abflusslöcher. Um den Platz auf Balkon und Terrasse optimal auszunutzen, sollten Sie in mehreren Ebenen arbeiten.

BALKONPFLANZEN PFLEGEN

Gemüsepflanzen auf Balkon oder Terrasse benötigen eine spezielle Gemüseerde. Diese gibt es entweder fertig zu kaufen oder man mischt je einen halben Teil Vermiculit und Perlit mit einem Teil Gartenerde und zwei Teilen Torf sowie einem Teil Kompost. Durch das begrenzte Wachstum der Wurzeln und die geringe Erdmenge können Balkon- und Terrassenpflanzen die Nährstoffe schlechter speichern. Auch das Wasser verdunstet schneller. Daher muss der Pflanzerde Langzeitdünger beigemischt werden und Nährstoffe müssen durch regelmäßiges Gießen zugeführt werden. Prüfen Sie die Erdfeuchtigkeit mit den Fingern oder nutzen Sie Flüssigkeitsdepots und Wasserstandsanzeiger. Gießen Sie idealerweise zweimal täglich – morgens und frühabends. Meiden Sie zum Gießen die pralle Mittagssonne, da hier Verbrennungen auf den Pflanzen entstehen können und gießen Sie möglichst nicht zu spät am Abend, da kühlere Temperaturen das Abtrocknen verzögern und damit Pilzerkrankungen begünstigen.

TIPP

» Für kleine Töpfe eignen sich z. B. Kräuter und Salate, aber auch Cocktailtomaten, Radieschen, Buschbohnen, Möhren, Erdbeeren und Knoblauch. Für größere Gefäße geeignet sind z. B. Tomaten, Paprika, Zucchini, Kürbis, Stangenbohnen, Erbsen, Gurken, Spinat, Auberginen und Mangold. «

1 Für Naschkatzen

Erdbeeren lassen sich auch hervorragend auf dem Balkon anbauen. Als Pflanzgefäß eignen sich Töpfe oder Pflanzbeutel. Der Handel bietet früh-, mittel -und spättragende Sorten, sodass Sie den ganzen Sommer hindurch ernten können.

2 Die Mischung macht's

Dieses abwechslungsreiche Gemüsebeet mit den leuchtend orangen Ringelblumen dazwischen ist fast zu schön, um es zu ernten. Gemüseanbau auf Balkon und Terrasse muss also nicht langweilig sein.

VORTEIL TOPFANBAU: Ein nicht zu unterschätzender Vorteil von Gemüseanbau in mobilen Gefäßen ist, dass Sie bei späten Frösten die Topfpflanzen schnell ins Haus räumen können.

3 Auf engstem Raum

Auch wenn kein Platz für ein Hochbeet bleibt, bieten Gartencenter fröhlich bunte Töpfe für die Bepflanzung des Balkons an. Darin finden Kräuter, Minitomaten und Salatherzen auch auf kleinstem Raum noch Platz.

4 Salatpflanzen

Salat lässt sich auch prima in Balkonkästen kultivieren. Etwa drei bis vier Pflänzchen auf einer Länge von 80 Zentimetern garantieren frischen Salat am laufenden Band. Und in die abgeernteten Lücken können Sie sofort wieder nachpflanzen.

RICHTIG GIESSEN

Bei Topfpflanzen müssen Sie mit Augenmaß giessen. An heißen Tagen nicht zu wenig und nach längerem Regen lieber etwas sparsamer.

5 Mehr als nur Kräuter

Abwechslungsreiche Kräutertöpfe sind nicht nur ideal zum Würzen von Gerichten, sondern auch ein wunderschöner Blickfang. Streichen Sie mal mit der Hand über die Pflanzen, dann werden Sie sehen, dass die Kräuter auch noch einen wunderbaren Duft verströmen.

6 Selbst ziehen

Es müssen nicht immer ausgewachsene Pflanzen sein. Kaufen Sie kleine Setzlinge oder ziehen Sie sich beispielsweise Tomaten selbst aus Samen. Der Handel hält hier ein großes Angebot bereit.

Bedecken Sie den Boden des Pflanzsacks ca. 20 Zentimeter hoch mit Erde und legen Sie darauf drei bis vier Saatkartoffeln. Aber Achtung: Kartoffeln mögen keine Staunässe und keinen zu sonnigen Platz.

7 Kartoffeln pflanzen

Paprikapflanzen sind ideal für einen Südbalkon. Ihnen kann es nicht sonnig und heiß genug sein. Um auch in der Nacht für Wärme zu sorgen, stellen Sie die Pflanze direkt an die Wand.

8 Sonnig und heiß

Paprika benötigen jede Menge Nährstoffe. Da diese in der Gemüseerde schon bald aufgebraucht sind, sollten Sie die Pflanze regelmäßig düngen. Besonders freut sich die Paprika über organischen Dünger oder Brennnesseljauche.

9 Für Nährstoffe sorgen

10 Das richtige Pflanzgefäß

Da Tomanten lange Wurzeln ausbilden, darf das Pflanzgefäß nicht zu knapp bemessen sein. Besonders wichtig: Achten Sie darauf, dass das Wasser immer gut ablaufen kann, denn Tomaten lieben keine Staunässe.

Essbare Wildpflanzen

Essbare Wildpflanzen

Die Nahrungsgewinnung aus dem Selbstversorgergarten lässt sich auch gut durch Wildpflanzen ergänzen. Beliebte Wildkräuter sind z. B. Löwenzahn, Brennnessel oder Gänseblümchen. Unter den Wildbeeren kommen z. B. Heidel- oder Blaubeeren, Schwarze Holunderbeeren oder Hagebutten infrage.

TIPP

» Beachten Sie, dass einige Pflanzen unter Naturschutz stehen und daher nicht ausgegraben und mitgenommen werden dürfen. «

Bei einigen Wildpflanzen ist allerdings Vorsicht geboten. Denn bei einigen droht eine Verwechslungsgefahr mit giftigen Pflanzen. So kann man z. B. Bärlauch leicht mit den Blättern der giftigen Herbstzeitlosen verwechseln. Daher sollte man sich gut informieren und nur solche Pflanzen ernten, die man sicher benennen kann. Pflanzenbestimmungsbücher, Wildpflanzenseminare oder fachkundig geleitete Naturführungen helfen bei der Bestimmung. Auf diese Weise lernen Sie auch die bevorzugten Standorte einzelner Pflanzenarten kennen. So wachsen z. B. Bärlauch und Waldmeister oft in Wäldern, Löwenzahn und Beinwell auf nicht zu trockenen Wiesen und Borretsch sowie Brunnenkresse finden sich vornehmlich an Ufern von Wasserläufen. Auch lassen sich Wildpflanzen bewusst im Garten ansiedeln. Viele werden sich hier ohnehin als „Unkraut" finden (z. B. Löwenzahn, Giersch).

GENERELLE REGELN

Viele der essbaren Wildpflanzen werden in Gärtnereien oder im Fachhandel im Sortiment angeboten. Diese Pflanzen sind gegenüber wild wachsenden Pflanzen zu bevorzugen, da es in der Regel besonders gut wachsende bzw. reich fruchtende Arten sind, die für den Anbau im Garten speziell gezüchtet wurden. Aus Gründen des Naturschutzes ist es nicht wünschenswert, diese Wildpflanzen aus der Natur zu entnehmen. Bei vielen Arten und auf Flächen, die unter Naturschutz stehen, ist dies sogar gesetzlich verboten. Beim Sammeln von Pflanzen und Früchten in der Natur sollten Sie die Nähe stark befahrener Straßen oder konventionell bewirtschafteter Felder meiden, um die Schadstoffbelastung gering zu halten. Auch Orte, an denen Hunde spazieren gehen, sind nicht geeignet. Ernten Sie nur die Pflanzenteile, die Sie auch wirklich nutzen und sammeln Sie nicht mehr als ein Drittel des Vorkommens an einem bestimmten Ort.

RICHTIG VERARBEITEN

Zwar lassen sich Wildpflanzen auch konservieren (z. B. einlegen, einfrieren, trocknen), am leckersten und vitaminreichsten sind sie jedoch, wenn man sie frisch verspeist. Wegen der Gefahr von Bandwürmern und anderen Krankheitserregern empfiehlt es sich, Pilze, Kräuter und Beeren zu Hause mit heißem Wasser abzuwaschen und je nach Art der Pflanze möglichst auch zu kochen bzw. zu blanchieren, um eventuelle Krankheitserreger abzutöten.

Ernten Sie Waldmeister immer vor der Blüte und lassen Sie die Blätter antrocknen oder in der Tiefkühltruhe gefrieren, denn dann ist sein Geschmack am intensivsten. Verwendet wird Waldmeister sehr häufig für die berühmte Maibowle.

1 Waldmeister

2 Bärlauch

Bärlauch wird überwiegend roh verwendet, da er beim Erwärmen seinen charakteristischen Geschmack verliert. Besonders schmackhaft wird er in Soßen, als Pesto oder in Kräuterbutter verarbeitet.

3 Löwenzahn

Die jungen Löwenzahnblätter schmecken leicht bitter, eignen sich aber besonders gut zur Zubereitung von Salaten. Aus den frischen Blüten lässt sich zusammen mit Zucker und etwas Zitrone ein leckerer Sirup herstellen.

BEDROHTE PFLANZEN

Wenn Sie Wildgemüse und Wildkräuter sammeln, achten Sie auf das natürliche Gleichgewicht und nehmen Sie immer nur so viel mit nach Hause, wie Sie zubereiten und essen. Erkundigen Sie sich im Vorfeld auch, ob Sie die Pflanzen ernten dürfen oder ob diese unter Umständen als gefährdet gelten und unter Artenschutz stehen.

VORSICHT GESUNDHEITSGEFAHR!

Ernten Sie keine Pflanzen, die direkt an dicht befahrenen Straßen wachsen, da diese stark mit Schadstoffen belastet sind. Auch in Gegenden, in denen der Fuchsbandwurm verbreitet ist, ist es ratsam, keine bodennahen Früchte oder Kräuter zu sammeln. Die Erreger des Fuchsbandwurms sterben erst beim Erhitzen oder Einfrieren ab.

4 Waldheidelbeeren

Pflegeleichte Wildbeeren wie Waldheidelbeeren können im Garten angesiedelt werden, um problematische Standorte wie Böschungen und Schattenflächen zu nutzen. Beachten Sie jedoch die jeweiligen Bodenansprüche.

Die roten Früchtchen können sehr gut zu Marmelade oder Mus verarbeitet werden. Aber auch als Tee oder als Likör eignen sich Hagebutten sehr gut. Je länger die Früchte am Strauch bleiben, desto süßer ist ihr Geschmack.

5 Hagebutten

6 Brennnessel

Besonders mit den Samen der Brennnessel lassen sich wunderbar Gerichte wie z. B. Salate verfeinern. Als altes Hausmittel hilft Brennnesselsamen bei Harnwegsstörungen oder Gelenkbeschwerden wie Gicht oder Rheuma.

7 Kornelkirsche

Ernten Sie die Früchte im fast schon überreifen Zustand, so lassen sich die kleinen Kerne besser herauslösen. Die Kornelkirsche ist aufgrund ihres sehr hohen Gehalts an Vitamin C eine wahre Vitaminbombe. Beliebt ist sie besonders als Marmelade oder Saft.

Auch wenn der Giersch bei vielen Gärtnern als unliebsames Unkraut gilt, eignet er sich dennoch hervorragend zur Verwendung als Gemüse. Durch seinen hohen Gehalt an Kalium, Vitamin C und Eisen ist er zudem sehr gesund.

8 Giersch

9 Holunder

Holunder lässt sich vielfältig einsetzen: die vollständig aufgeblühten Blütendolden für Sirup oder, in Teig ausgebacken, für ein leckeres Holunderküchlein, die Früchte für Saft, der erhitzt sehr gut bei Erkältungskrankheiten hilft.

PRAXISTEIL

Boden-
bearbeitung

Boden-bearbeitung

Um den Boden nach den jeweiligen Bedürfnissen der Pflanzen vorbereiten zu können und den Pflanzen die nötige Menge an Dünger zukommen zu lassen, muss man nicht nur die Ansprüche seiner Nutzpflanzen kennen, sondern auch die Beschaffenheit des Gartenbodens. So benötigen die meisten Pflanzen einen pH-Wert von 6,0–7,0. Die meisten Obst- und Gemüsesorten brauchen zudem einen nährstoffreichen, die meisten Kräuter hingegen einen nicht allzu nährstoffreichen Boden. Aufschluss über die Bodenbeschaffenheit geben im Gartenfachhandel erhältliche Testsets (z. B. zu Nitratgehalt, pH-Wert). Entspricht der heimische Garten nicht den nötigen Boden- und Nährstoffverhältnissen, kann er entsprechend behandelt werden.

GUT ZU WISSEN: *Vor dem Anbau sollten Sie, wenn nötig, den Boden verbessern. Nährstoffarme Böden lassen sich mit Kompost verbessern, schwere Lehmböden lockert man mit Sand und zu sandige Böden werden mit lehmiger Erde bindiger gemacht.*

INFO

» Man unterscheidet zwischen sandigen, humosen und lehmigen Böden. Leichte Sandböden sind einfacher zu bearbeiten als lehmige Böden, dafür trocknen sie leichter aus und haben eine geringere Speicherfähigkeit. Lehmböden hingegen werden bei Dauerregen schmierig und schlecht durchlüftet. Am besten ist ein ausgewogener Mischboden (sandiger Lehm mit hohem Humusgehalt). Ist der Boden zu sandig oder zu lehmig, sollte man dies ausgleichen. «

Vor allem verwilderte oder neu zu bepflanzende Beete erhalten durch das Sieben der Erde mit einem Erdsieb wieder einen feinkrümeligen, lockeren und nährstoffreichen Boden.

1 Erde sieben

2 Substrat austauschen

Bei sehr nährstoffarmen Böden ist ein Substrataustausch nötig. Dabei hebt man den alten Boden mit dem Bagger aus und ersetzt ihn durch hochwertigen Mutterboden oder trägt diesen nur als Deckschicht auf.

3 Umgraben mit Spaten

Das tiefgründige Umgraben der Beete mit dem Spaten eignet sich nur für sehr schwere, lehmige Böden, nichtkultivierte und stark verunkrautete Flächen.

Bei leichten Böden reicht die Bodenbearbeitung mit der Grabegabel aus. Sie werden nicht umgegraben, sondern nur gelockert. Hierzu Zinken einstechen und hin- und herbewegen.

4 Umgraben mit Grabegabel

5 Oberfläche glätten

Mit einer Harke oder einem Rechen zerkleinert man nach der Lockerung des Bodens Erdschollen und ebnet das Beet ein. Dies gewährleistet eine optimale Wasser-, Luft- und Nährstoffaufnahme.

UMGRABEN ODER NICHT?

Da es die Bodenschichten und damit das Ökosystem der Bodenlebewesen durcheinanderbringt, lehnen viele das tiefgründige Umgraben ab. Bei leichten, sandigen Böden reicht zur Bodenvorbereitung das Lockern mit einer Grabeforke. Umgraben ist jedoch bei schweren, tonhaltigen Böden, stark verunkrauteten und nicht kultivierten Böden nötig.

6 Boden tiefgründig lockern

Mit dem Sauzahn wird der Boden gelüftet und gelockert. Vor dem Säen und Bepflanzen zieht man ihn dazu in Abständen von 10 Zentimetern durch den Boden.

Durch Hacken und Jäten halten Sie regelmäßig Unkräuter im Zaum. Denn diese rauben den angebauten Pflanzen Nährstoffe und Wasser und bieten Schnecken Unterschlupf.

7 Unkräuter entfernen

8 Erde zwischen den Pflanzen lockern

Die obere Bodenschicht zwischen den Pflanzen muss regelmäßig gelockert werden. Dies hält Unkraut in Schach und sorgt für Durchlüftung und Feuchtigkeitsaustausch.

Vor der Aussaat zieht man mit einer Hacke im gewünschten Reihenabstand und in der jeweils nötigen Tiefe Rillen in die Erde. Die Samen werden im nötigen Abstand darin ausgebracht.

9 Saatrillen ziehen

10 Erde anhäufeln

Das Anhäufeln mit der Hacke nach dem Anwachsen erhöht bei einigen Pflanzen die Standfestigkeit, reduziert den Schädlingsbefall, verbessert die Nährstoffaufnahme und macht die Pflanze somit kräftiger.

Mulchen, also das Bedecken des Bodens mit organischem Material wie Laub, Rasenschnitt oder Stroh, dient im Herbst dazu, die Krume vor Frost, Wind und Trockenheit zu schützen und Bodenlebewesen zu erhalten.

11 Boden im Herbst mit Mulch schützen

VORBEREITUNG JE NACH ZUSTAND: *Die Beetvorbereitung geschieht am besten Anfang März und richtet sich jeweils nach dem Bodenzustand. Bei der Neuanlage eines Beets muss der Rasen umgegraben und Steine, grobe Erdklumpen, Wurzel- und Pflanzenreste müssen entfernt werden. Bei bereits vorhandenen Beeten reicht im Regelfall das spatentiefe Lockern mit der Grabeforke.*

Das wichtigste Arbeitsgerät

Das wichtigste Arbeitsgerät

Ob zum Anlegen von Beeten oder zum Pflegen der Pflanzen – einige Gartengeräte und Werkzeuge werden Sie in Ihrem Nutzgarten immer wieder brauchen. Vor allem Selbstversorger sollten beim Kauf auf eine gute Qualität achten – schließlich sind die Geräte dauerhaft im Einsatz und müssen entsprechend stabil und haltbar sein. Zur Grundausstattung gehören zum Anlegen und zur Pflege von Beeten Spaten, Handschaufel, Gartenhandschuhe, Gießkanne, Schubkarre, Rechen, Hacke sowie Pflanzhölzer und eine Gartenschnur. Verschiedene Scheren, Sägen und Messer sowie eine stabile Leiter helfen beim Schnitt von Obstgehölzen und bei der Ernte.

GUT ZU WISSEN: *Kaufen Sie nur stabile, gut verarbeitete Geräte, die gut in der Hand liegen und ein müheloses Arbeiten ermöglichen. Empfehlenswert sind Werkzeuge mit auswechselbaren Ersatzteilen (z. B. Ersatzklingen oder -sägeblättern).*

TIPP

» Achten Sie auf eine angemessene Werkzeugpflege. Gut geschliffene, scharfe Messer und Scheren vermeiden eine Schädigung der Pflanzen beim Schneiden und Ernten. Die Werkzeuge sollten nach dem Gebrauch außerdem gereinigt werden. Werden sie längere Zeit nicht gebraucht, empfiehlt es sich auch, die Metallteile leicht zu ölen, um sie vor Rost zu schützen. «

1 Schubkarre und Gießkanne

Mit der Schubkarre transportieren Sie Erde und Kompost zum Beet und entsorgen Gartenabfälle wie Gras- oder Gehölzschnitt. Die Gießkanne mit Brauseaufsatz dient zum Wässern der Pflanzen und zum Angießen der Saat.

Für verwilderte Wiesenflächen eignet sich das Mähen mit der Sense. Eine Handsichel hilft beim Mähen kleiner Flächen, z. B. unter Beerenbüschen, und beim Schneiden von Tierfutter.

2 Sichel und Sense

Zum Umgraben benutzt man eine Grabeforke, einen Spaten, um Löcher zu graben und Beetkanten abzustechen und für Kompostarbeiten eine Schaufel. Mit dem Rechen kann man z. B. Beete ebnen.

3 Spaten, Schaufel, Grabegabel und Rechen

4 Pflanzschaufel

Eine Pflanzschaufel ist nicht nur im Garten, sondern auch für Pflanzen auf Balkon und Terrasse unverzichtbar. Sie dient zum Pflanzen von Setzlingen oder zum Befüllen von Töpfen mit Erde.

5 Handgrubber

Ein Handgrubber mit drei Zinken dient zum Bodenlockern zwischen dem Gemüse und zum Unkrautentfernen – besonders zwischen niedrigen Stauden am Rand von Beeten und Wegrändern.

GERÄTEKAUF

Kaufen Sie nur solche Geräte, die Sie auch wirklich benötigen. Die anfängliche Grundausstattung lässt sich bei Bedarf erweitern.

Zum Häufeln und Furchen, z. B. im Kartoffel- und Spargelanbau, verwendet man einen Häufelpflug. Stattdessen kann man mit einer Hacke zwischen den Reihen tiefer hacken und die lockere Erde auf die Reihen harken.

7 Häufelpflug

6 Unkraut-hacke

Eine Hacke eignet sich nicht nur dazu, Unkraut so weit zu lockern, dass es sich leicht herausziehen lässt, man kann damit auch den Boden oberflächlich bearbeiten.

RICHTIGE STIELLÄNGE: *Achten Sie darauf, dass aufrecht stehend verwendete Geräte Ihnen bis zum Kinn oder zur Stirn reichen, Grabegeräte mindestens bis zum unteren Rippenbogen. Praktisch sind verstellbare Teleskopstangen, die sich auf Personen unterschiedlicher Größe einstellen lassen.*

Mit einem Pflanzholz können Sie Löcher in den Boden vortreiben, in die die Pflanzen später eingesetzt werden. Das gleichmäßige Einsetzen wird meist durch Rillen oder eine Maßskala erleichtert.

8 Pflanzholz

9 Sägen und Scheren

Für den Schnitt von Obstgehölzen eignen sich Astscheren (je nach Dicke des Triebs mit langen oder kurzen Griffen), dickere Zweige – z. B. von Obstbäumen – schneidet man mit der Handsäge.

10 Motorhacke

Eine Gartenfräse verwendet man z. B. zum Umpflügen und zur Auflockerung harter, undurchlässiger Böden bei größeren Flächen. Es gibt elektrische Motorhacken und Benzinfräsen.

Zur Auflockerung der obersten Bodenschicht kann man auch eine Gartenkralle verwenden. Hiermit kann man auch Unkraut entfernen, aber auch Dünger oder Kompost einarbeiten.

Der Sauzahn dient zur Lockerung des Bodens. Hiermit kann man die oberste Bodenschicht ca. 10 Zentimeter tief lockern und auf diese Weise die natürliche Schichtung des Bodens erhalten.

11 Tiefenkultivator „Sauzahn"

12 Gartenkralle

Pflanzenkauf

Nicht nur Obstgehölze werden meist als Jungpflanzen gekauft, sondern auch Kräuter und Gemüse werden in Gartencentern oder auf dem Markt mit Topfballen verkauft. Bei der Auswahl zählen dabei nicht nur die Standort-, Boden- und Nährstoffbedürfnisse der einzelnen Pflanzen, sondern auch allgemeingültige Kriterien wie Gesundheit und kräftiger Wuchs. Meiden Sie Pflanzen mit wenigen, langen, dünnen Trieben und matten, verfärbten Blättern und greifen Sie zu kräftigen, gut verzweigten Pflanzen mit satt gefärbten, fleckenlosen Blättern. Auch Pflanzen, die einen vertrockneten Eindruck machen, Schädlingsbefall zeigen oder muffig riechen, sollten Sie stehen lassen.

GUT ZU WISSEN: *Nehmen Sie die Pflanzen auch aus dem Topf und sehen Sie sich die Wurzelballen an. Sie sollten fest und gleichmäßig feucht sein.*

Achten Sie auf kräftige Pflanzen mit festen, gesunden, grünen Blättern und einem gut durchwurzelten Ballen mit frischen, vorwiegend hellen Wurzeln. So wird sich die Pflanze auch nach dem Einpflanzen gut entwickeln.

1 Kräftig und gesund

2 Informationen nutzen

Lesen Sie die Packungsinformationen von Pflanzensamen. Hier erhalten Sie erste Anhaltspunkte, z. B. zu den nötigen Standortbedingungen und Aussaatzeiten. Lassen Sie sich im Zweifel vom Fachpersonal beraten.

Pflanzenkauf

TIPP

» Holen Sie sich als Anfänger vor der Anlage eines Selbstversorgergartens Tipps bei erfahrenen Gleichgesinnten. Internetforen geben Hinweise zu Auswahl und Kauf von Pflanzen und Hobbygärtner in der Nachbarschaft kennen vielleicht gute Bezugsquellen für Jungpflanzen oder können mit Setzlingen aushelfen, die sie erübrigen können. «

Die Pflanzen sollten im Verkaufsraum natürliches Licht erhalten, nicht eingepackt sein und nicht zu dicht nebeneinander stehen. Verwelkte Blüten, gelbe Blätter und abgeknickte Triebe sollte man nicht vorfinden.

3 Verkaufsraum ansehen

4 Prüfender Blick

Sehen Sie sich Blätter, Stängel und Ballen an. Greifen Sie nur zu, wenn der Wurzelballen locker, die Blätter kräftig gefärbt sind, die Wurzeln hell und frisch sind und die Stängelbasis fest ist.

Lassen Sie die Finger von Pflanzen aus dem Supermarkt oder der Gartenabteilung von Baumärkten und kaufen Sie Ihre Pflanzen lieber bei fachmännisch geführten Gärtnereien und Baumschulen.

5 Kompetente Verkäufer

SCHÄDLINGSBEFALL ERKENNEN: *Einen Schädlingsbefall erkennt man am einfachsten, wenn man sich die Unterseiten der Blätter ansieht. Pflanzen, deren Blätter Flecken haben, sich kräuseln oder sichtbare Zeichen eines Insektenbefalls (z. B. Insektengespinste, schwarzer Belag, Bissspuren) aufweisen, sollte man nicht kaufen, ebenso wenig ihre Nachbarn.*

Pflanzen selbst aussäen

Pflanzen selbst aussäen

Die eigene Anzucht bietet bei einigen Kräuter- und Gemüsearten eine Alternative zum Kauf vorgezogener Jungpflanzen. Zwar können die meisten Pflanzen (z. B. Möhren, Radieschen, Spinat) direkt ins Beet gesät werden, dies kann jedoch z. B. durch Regengüsse oder Vögel die Ausbeute verringern. Daher empfiehlt es sich, sie in Töpfen vorzuziehen. Hierzu benötigen Sie ein geeignetes Gefäß sowie feine Aussaaterde und einen hellen, warmen Standort. Dies kann die Fensterbank sein, aber auch ein Frühbeet oder Gewächshaus. Je nach Art kommen die Samen flach oder tiefer in die Erde. Halten Sie die Erde ausreichend feucht, bis die Saat nach einigen Tagen oder Wochen aufgeht. Danach kann man sie verpflanzen.

TIPP

» Lesen Sie sich vor der Aussaat die Packungsangaben durch. Meist enthalten diese auch Hinweise auf Saattermin, -tiefe und Reihenabstände sowie zur Keimzeit, Erntereife und Verträglichkeit mit anderen Pflanzen. «

GUT ZU WISSEN: Beachten Sie den Unterschied zwischen Licht- und Dunkelkeimern. Davon hängt es ab, ob die Samen zum Keimen mehr oder weniger Licht benötigen.

1 Anzuchtschalen

↑ Zum Vorziehen von Pflanzen gibt es im Handel spezielle Anzuchtschalen. Hat die Schale eine durchsichtige Plastikhaube für den Gewächshauseffekt, sollte diese nicht ganz geschlossen werden.

Die Anzuchtgefäße füllt man randvoll mit spezieller Anzuchterde und drückt sie leicht an. Dann werden die Samen vorsichtig in die Erde gedrückt (größere Körner mit einer dünnen Schicht Erde bedecken).

2 Anzuchterde

3 Alternative Töpfchen

Alternativ zu Anzuchtschalen eignen sich auch Anzuchttöpfchen. Diese gibt es aus verschiedenen Materialien (z. B. Torf, Kokosfasern), man kann aber auch alte Joghurtbecher hierzu wiederverwenden.

4 Auf der Fensterbank

Die Anzuchtschalen stellt man an einen warmen, hellen Ort, z. B. ein Gewächshaus oder eine Fensterbank mit südlicher Ausrichtung. Vermeiden Sie jedoch pralle Sonne und halten Sie die Erde mit einem Wassersprüher feucht.

WÄRMELIEBENDE PFLANZEN

Wärmeliebende Pflanzen sollten erst ab Mitte Mai (nach den Eisheiligen) ins Beet. Wer sie ab Februar/März auf der Fensterbank vorzieht, macht sie robuster, gibt ihnen einen zeitlichen Vorsprung und kann früher ernten. Hierfür geeignet sind mediterrane Gemüsesorten wie Auberginen oder Zucchini, aber auch Pflücksalat und Kräuter. Bei Erbsen, Bohnen oder Möhren ist eine Aussaat im Freiland aussichtsreicher.

LICHTKEIMER UND DUNKELKEIMER

Lichtkeimer (z. B. Kopfsalat, Tomate) drückt man beim Säen nur leicht an. Dunkelkeimer (z. B. Kürbis) bedeckt man mit einer Schicht Erde.

Pflänzchen, die zu groß werden, können mit kleinen Stäben oder Schaschlikspießen, an die sie sich anlehnen oder angebunden werden, gestützt und so am Umknicken gehindert werden.

5 Stützen

ANZUCHTTERMINE: *Schon ab Anfang Februar können Sie mit der Anzucht von Auberginen, Paprika und Chili beginnen. Ab Mitte Februar folgen Salat, Lauch und Kohlrabi sowie einige Kräuter wie z. B. Petersilie und Basilikum. Ab Anfang März kommen Tomaten und alle Kohlsorten an die Reihe, Zucchinis und Gurken folgen erst am Ende des Monats.*

6 Quelltabletten

Quelltabletten aus Torf oder Kokosfasern erleichtern die Anzucht von Samen. Man übergießt sie mit Wasser, lässt sie quellen und sät die Samen aus. Später können die Pflanzen zusammen mit der Tablette umgepflanzt werden.

Wenn sich nach einer bis zwei Wochen nach den Keimblättern das erste Blattpaar zeigt, können die Pflänzchen in größere Töpfe vereinzelt und nach einiger Zeit ins Freiland verpflanzt werden.

7 Ins Freiland umpflanzen

8 Eierschachteln für die Anzucht nutzen

Eine umweltfreundliche und kostengünstige Alternative zu speziellen Anzuchtschalen sind Eierkartons. Zum Abdecken der Pflanzgefäße kann man recycelte Glasscheiben (z. B. alte Bilderrahmen) verwenden.

Robuste, schnell wachsende Sorten kann man Anfang April bis Mitte Mai auch direkt ins Freiland aussäen. Dazu die Erde lockern, organischen Dünger einarbeiten, Erde verfestigen und Samen ausstreuen.

9 Aussaat im Freiland

10 Setzlinge umtopfen

Sind die vorgezogenen Pflänzchen größer geworden, können Sie kräftige Exemplare in größere, mit nährstoffhaltiger Erde vorbereitete Töpfe vereinzeln. Kräftige Pflänzchen mit gut entwickeltem Wurzelballen dürfen bei warmen Temperaturen im Mai ins Beet.

Nach der Aussaat im Freien sollte man die Samen vorsichtig andrücken und dünn mit Erde bestreuen. Danach vorsichtig angießen (Samen dabei nicht ausschwemmen) und den Boden bis zur Keimung gleichmäßig feucht halten.

11 Saat feucht halten

12 Saat ausdünnen

Gehen die Pflanzen zu dicht auf, müssen sie ausgedünnt werden. Hierzu fasst man die Pflänzchen mit der einen Hand und lockert mit der anderen die Erde rund um die Wurzeln mit einem Pikierstab.

Pflanzen vermehren

Pflanzen vermehren

Eine einfache und günstige Art, den Selbstversorgergarten um neue Pflanzen zu erweitern, ist es, sie durch Vermehrung aus dem vorhandenen Pflanzenbestand hervorzubringen. Hierfür bieten sich je nach Pflanzenart verschiedene Methoden an: Stecklinge, Ausläufer, Absenker, Steckhölzer oder Teilung. Zur Stecklingsvermehrung eignen sich z. B. Chilis oder Tomaten. Für die Vermehrung durch Ausläufer sind z. B. Erdbeeren, Brombeeren und Himbeeren geeignet. Stachelbeeren, Salbei und Thymian lassen sich durch Absenker vermehren, Gartenheidelbeeren, Holunder oder Johannisbeeren durch Steckhölzer und Kräuter wie Beinwell oder Oregano durch Teilung.

GUT ZU WISSEN: *Einige Gemüsepflanzen wie Salate oder Portulakpflanzen vermehren sich selbst durch Samen. Achten Sie bei Pflegearbeiten im Garten auf von Mutterpflanzen herabgefallene Sämlinge. Graben Sie sie vorsichtig aus und setzen Sie sie um.*

TIPP

» Pflanzen lassen sich auch durch eigene Samen vermehren. Dafür erntet man im Spätsommer und Herbst das gut ausgereifte Saatgut, reinigt und trocknet es und lagert es den Winter über für die Aussaat im folgenden Jahr. Einfache Pflanzen für die Samenvermehrung sind z. B. Gartenbohnen und Tomaten. «

Jährlich bildet z. B. Topinambur neue Knollen, die wiederum Ableger hervorbringen. Er lässt sich vermehren, indem man nach der Ernte eine Knolle in der Erde lässt bzw. andernorts einpflanzt.

1 Durch Knollen vermehren

2 Samen sammeln und aussäen

Kaufen Sie samenfeste Sorten! Die meisten im Handel erhältlichen Pflanzen sind F1-Hybriden, die bei der Samenvermehrung nicht die gewünschten Eigenschaften haben oder sich nicht vermehren lassen.

3 Über Wurzelfechser vermehren

Die Vermehrung beim Meerrettich erfolgt über Seitenwurzeln (Fechser). Diese bei der Ernte schräg abschneiden, den Winter über in feuchtem Sand lagern und im Frühjahr in die Erde setzen.

Nach der Ernte schneidet man die Jungpflanzen z. B. von Erdbeeren, die sich an den Ausläufern der kräftigsten Mutterpflanzen gebildet haben (Kindeln), ab und pflanzt sie in mit Kompost versetzter Erde wieder ein.

4 Durch Kindeln vermehren

5 Stecklingsvermehrung

Hierzu schneidet man z. B. von Wein im Frühling einen einjährigen Trieb leicht schräg so ab, dass er mindestens drei bis vier Knospen aufweist. Danach so in einen Topf mit Anzuchterde setzen, dass zwei Knospen herausschauen.

OBSTGEHÖLZE DURCH VEREDLUNG VERMEHREN

Obstgehölze werden oft durch Veredlung vermehrt. Hierbei transplantiert man einen Pflanzenteil (Reiser) auf eine andere Pflanze.

POLLENSPENDER AUFVEREDELN

Veredeln ist nicht nur eine gute Methode der Vermehrung für Bäume, die sich nicht aus Samen oder durch Stecklinge vermehren lassen, es kann auch der Platzeinsparung dienen. So müssen Sie z. B. bei Süßkirschensorten, die eine Befruchtersorte in der Nähe benötigen, nicht einen zweiten Baum pflanzen, sondern können einzelne Triebe eines Bestäubers aufveredeln.

6 Geeignete Werkzeuge

Für das Veredeln gibt es spezielle Werkzeuge wie z. B. Pfropfmesser, Okuliermesser, Kopuliermesser bzw. -hippen, Baumschul- oder Schwunghippen. Wichtig ist, dass die Werkzeuge stets scharf und sauber sind.

Edelreiser entnimmt man im Januar im oberen oder südlichen Kronenteil. Das Edelreis sollte einjährig, mindestens 10 Zentimeter lang und etwa bleistiftdick sein und vier gut entwickelte Knospen haben.

7 Edelreis schneiden

8 Kronenveredlung durch Kopulieren

Aus der Mitte des Edelreises schneidet man ein Stück ab und schneidet es keilförmig zu. Am Baum schneidet man einen Ast mittig einige Zentimeter ein und schiebt das angeschnittene Stück des Edelreises bis zur oberen Rinde hinein.

Diese Methode bietet sich an, wenn Edelreis und Veredlungsunterlage nahezu gleich dick sind. Beide werden sehr schräg angeschnitten. Dann schneidet man Gegenzungen, die dazu dienen, die Zweige ineinanderzustecken.

9 Kopulation mit Gegenzunge

10 Wunde verschließen

Anschließend umwickelt man die beiden Astteile mit Bast oder einem speziellen wasserabweisenden Band. Die angeschnittene Seite verschließt man mit Wachs oder Edelharz.

Nach dem Anwachsen (4–6 Wochen) löst man den Bast oder das Band. Unterlage und Edelreis sind nun stabil miteinander verwachsen. Nach einem Jahr entfernt man die ersten Knospen des veredelten Astes.

11 Verwachsene Veredelungsstelle

EIGENSCHAFTEN VERBESSERN:
Veredlung ist auch ein Mittel, um bessere Erträge zu erzielen, größere Früchte oder widerstandsfähige Pflanzen hervorzubringen. Dabei bleibt die Grundsorte erhalten und wird mit gewünschten Eigenschaften anderer Pflanzen kombiniert. Die Veredlung ist umso erfolgreicher, je enger die Arten verwandt sind.

Gemüsebeete anlegen

Neue Beete können schon zum Ende der Gartensaison im Herbst angelegt werden. Ist der richtige Standort gefunden, stecken Sie das Beet in der gewünschten Größe ab. Danach wird der Boden tiefgründig gelockert, größere Steine und Wurzeln entfernt man. Wenn nötig, können Sie beim Umgraben auch Bodenverbesserungsmaßnahmen ergreifen. Anschließend ebnet man die Fläche mit dem Rechen und zerkleinert Erdschollen und Erdklumpen. Kurz vor der Aussaat im Frühling lockert man die Beete nochmals mit dem Rechen und arbeitet, wenn nötig, verrotteten Kompost ein. In die vorbereiteten Beete können die Pflanzen dann, je nach jeweils nötigem Pflanzabstand, gesetzt bzw. ausgesät werden.

GUT ZU WISSEN: *Das Abstecken eines Beets funktioniert bei geradlinigen Formen am besten mit einer Gartenschnur und Steckhölzern, die an den Beetecken in den Boden gesteckt werden.*

1 Qualitatives Pflanzsubstrat

Die Bodenvorbereitung kann bereits im Herbst des Vorjahrs beginnen. Das Beet wird umgegraben, je nach Bodenansprüchen mit Sand oder Lehm verbessert und mit Kompost oder Stallmist als Nährstofflieferanten vermengt.

TIPP

» Beim Umgraben im Herbst lässt sich auch organischer Dünger wie z. B. Mist oder Herbstlaub in den Boden einarbeiten. Je nach Art des Bodens können, wenn nötig, auch Bodenverbesserungsmaßnahmen wie das Einarbeiten von Lehm, Sand oder Humus erfolgen. «

2 Hochbeete

Zum Anbau von kälteempfindlichen Salat- und Gemüsepflanzen wie Zucchini, Paprika und Tomaten sind Hochbeete ideal. Hier herrschen schon im zeitigen Frühjahr höhere Temperaturen als im Flachbeet.

3 Einfaches Kastenbeet mit Einfassung und Untergrund

Ein Kastenbeet lässt sich mit einigen Brettern selbst bauen und ermöglicht die optimale Substratmischung für Gemüse und Kräuter, die im normalen Gartenboden nicht die passenden Bedingungen vorfinden.

IDEALER STANDORT: *Gemüsebeete sollten die sonnigste Stelle im Garten erhalten und werden am besten in Nord-Süd-Richtung angelegt. Sorgen Sie, wenn nötig, für Windschutz, Schattenfreiheit und Bodenverbesserung.*

4 Wege zwischen den Beeten anlegen

Bei kleinen Gemüsegärten reichen 30–40 Zentimeter Breite, bei großen empfiehlt sich ein mindestens 60 Zentimeter breiter Hauptweg. Mögliche Materialien sind Holz, Beton, Naturstein, Kies oder Mulch.

5 Randbefestigung

Eine Einfassung aus Stein, Metall oder Kunststoff von ca. 20 Zentimetern Tiefe hält Graswurzeln, aber auch wüchsige Flachwurzler und einige Wurzelunkräuter im Zaum.

BODENBESCHAFFENHEIT BERÜCKSICHTIGEN

Gemüse benötigt kalkhaltige, nährstoffreiche Böden mit einem pH-Wert von 6,5–7,5. Eine Bodenanalyse hilft bei der Einschätzung.

Gerade Pflanzreihen, die Anbau und Pflege erleichtern, erhält man mit einer zwischen zwei Steckhölzern gespannten Schnur. Achten Sie bei Aussaat und Pflanzung auf die jeweils nötigen Reihenabstände.

6 Pflanzreihen mit Schnur festlegen

7 Anhäufeln

Das Anhäufeln von Erde nach dem Anwachsen (ca. zwei Wochen nach dem Einpflanzen) verbessert das Wurzelwachstum und die Nährstoffaufnahme bei vielen Gemüsesorten (z. B. Kartoffeln, Kohl, Tomaten, Erbsen).

Kletternd wachsende Gemüsearten benötigen eine Rankhilfe. Für Tomaten eignen sich Spiralstäbe, für Gurken und Stangenbohnen Stäbe oder Seile und für Kletterzucchini und Kürbisse Rankgitter.

8 Rankhilfen

Mulchen hilft dabei, die Feuchtigkeit im Boden zu halten und Unkraut zu unterdrücken. Im Gemüseanbau (z. B. bei Salat, Gurken, Zucchini, Küchenkräutern) sind hierfür Mulchfolien verbreitet.

9 Mulchfolie hält die Feuchtigkeit im Boden

PLATZSPAREND PFLANZEN

Kombinieren Sie bei der Pflanzung von gekauften oder selbst gezogenen Pflanzen schmal und breit wachsende Pflanzen (z. B. Kohlrabi und Möhren). Sehr platzsparend ist auch die Pflanzung im Verband, bei der die Pflanzen nicht parallel zu denen der Nachbarreihe, sondern versetzt stehen. Nutzen Sie auch vertikale Flächen (z. B. Zäune) für kletternde Pflanzen.

Ist die Beetfläche festgelegt und vorbereitet, kombiniert man die verschiedenen Gemüsearten nach Hauptkultur sowie Vor- und Nachkultur in einer passenden Mischkultur zu einer geeigneten Fruchtfolge.

10 Gemüse im Beet anordnen

11 Gemüse in Kombination mit Obstgehölzen

Große Obstbäume können die Beete beschatten und damit das Gemüsewachstum beeinträchtigen, niedrige Beerensträucher als Randbepflanzung können als Windschutz dienen.

Gemüseanbau in Hochbeeten

TIPP

„Eine Höhe von 80–120 Zentimetern, eine Breite von höchstens 130 Zentimetern und eine Mindestlänge von 200–250 Zentimetern ermöglicht ein bequemes Gärtnern. Vor allem für Selbstversorger empfiehlt sich ein passender Frühbeetaufsatz oder eine Folienabdeckung, um die Anbauzeit zu verlängern.“

Gemüseanbau in Hochbeeten

Hochbeete eignen sich besonders für Selbstversorgergärten, da sie auf kleiner Fläche einen intensiven Anbau ermöglichen. Sie liefern den Pflanzen viel Nährstoffe und Wärme und lassen sie auf diese Weise optimal gedeihen. Hochbeete eignen sich für die meisten Kräuter- und Gemüsearten, aber auch Beerenobst wie Erdbeeren, Brombeeren, Himbeeren oder Johannisbeeren lassen sich hier anpflanzen. Allerdings sollten Sie Pflanzen wählen, die nicht zu raumgreifend wachsen. Achten Sie auch auf die Fruchtfolge (im ersten Jahr nur Starkzehrer wie Tomaten, Lauch oder Auberginen anbauen) und nutzen Sie Mischkulturen (z. B. Gurken mit Dill, Bohnen mit Bohnenkraut).

GUT ZU WISSEN: *Für ein Hochbeet benötigt man einen sonnigen Standort und einen durchlässigen Boden. Die beste Zeit zur Anlage ist der Herbst oder das zeitige Frühjahr.*

Hochbeete sind platzsparend, rückenschonend, liefern den hier angebauten Pflanzen viele Nährstoffe und Wärme und dem Gärtner damit hohe Ernteerträge und lassen sich leichter schädlingsfrei halten.

1 Vorteile Hochbeet

2 Modernes Hochbeet

Stufenhochbeete ermöglichen den Anbau verschiedener Kräuter und Pflanzen, da sie sich hier je nach Wuchs und Ansprüchen ideal anordnen lassen.

3 Flexible Nutzung

Hochbeete lassen sich mit verschiedenen Substraten füllen und eignen sich daher auch für Pflanzen, die ansonsten im Garten keine idealen Bedingungen finden würden.

Wenn möglich, richten Sie die Längsachse des Hochbeets in Nord-Süd-Richtung aus. Für wärmeliebende Gemüsesorten eignet sich ein Standort an einer nach Süden hin ausgerichteten Mauer oder Wand.

4 Passender Standort

5 Hochbeete anlegen

Errichten Sie Ihr Hochbeet auf einem unversiegelten Untergrund, damit Regen- und Gießwasser abfließen können. Ein Fundament an den vier Ecken verhindert ein direktes Aufliegen des Rahmens auf der Erde.

HOCHBEETE INDIVIDUELL GESTALTEN

Hochbeete lassen sich aus verschiedenen Materialien (z. B. Holz, Stein, Metall) gestalten. Praktisch sind Bausätze, die es in verschiedenen Formen gibt (z. B. quadratisch, oval, rund, dreieckig), aber man kann auch die entsprechenden Bretter passend zuschneiden oder im Baumarkt zuschneiden lassen und das Hochbeet selbst bauen.

6 Geeignetes Füllmaterial

↑ Am besten legt man das Hochbeet im Herbst an. Dann hat man ausreichend organische Gartenabfälle (z. B. Laub, Gehölzschnitt, Pflanzenabfälle) zum Befüllen.

↓ Das ringsum hochgezogene Mausgitter am Boden schützt das Beet vor Wühlmäusen, die Innenwände werden zum Schutz des Holzes vor Verrotten mit Teich- oder Noppenfolie ausgekleidet.

7 Draht und Folie

8 Bausätze nutzen

↑ Bausätze für Holzhochbeete gibt es im Gartenfachhandel. Klassisch sind rechteckige Holzhochbeete, aber auch individuelle Lösungen, die sich nach Wunsch konfigurieren lassen, werden angeboten.

Die unterste Befüllungsschicht sollte ca. 30 Zentimeter hoch sein und besteht aus grob zerkleinerten Ästen, Zweigen oder Reisig, gemischt mit grobem Holz- und Gartenhäckselgut.

9 Erste Schicht: Äste und Zweige

10 Zweite Schicht: Grünabfälle

Die zweite Schicht ist ca. 20 Zentimeter hoch und besteht aus feinem Grünschnitt und gemischten weichen Gartenabfällen (z. B. Laub, Grassoden). Diese Schichten werden durch Stampfen verdichtet.

Die nächste ca. 20 Zentimeter starke Schicht bildet eine Mischung aus Gartenerde und unreifem, grobem Kompost. Darüber kommt eine 20–30 Zentimeter dicke Schicht aus gesiebter Muttererde und Feinkompost.

11 Dritte Schicht: Kompost

BEFÜLLUNG ERNEUERN: *Die unterste Befüllungsschicht (Dränageschicht) wird im Lauf der Zeit zu Kompost, wobei Nährstoffe und Wärme gebildet werden. Sackt das Beet dabei etwas ab, kann man es oben wieder auffüllen. Nach ca. sechs Jahren sollte jedoch die komplette Befüllung erneuert werden, da dann die Nährstoffproduktion langsam zum Erliegen kommt und der Ertrag nachlässt.*

Gemüseanbau unter Glas

Gemüseanbau unter Glas

Gewächshäuser und Frühbeete sind für Selbstversorger nahezu unverzichtbar, denn sie verlängern die Erntezeit erheblich. Die ersten Aussaaten können auf diese Weise schon einige Wochen vor der im Freien üblichen Zeit im zeitigen Frühjahr erfolgen und einige Gemüsesorten wie z. B. Tomaten können noch nach der Freilandkultur bis in den Spätherbst hinein geerntet werden. Vor allem für wärmebedürftige Arten wie Paprika oder Gurken liefern Gewächshäuser erstklassige Anbaubedingungen. Für Flachbeete eignen sich Wanderkästen, die mit Frühbeetfenstern abgedeckt werden. So können Salat, Radieschen und Co. schon im zeitigen Frühjahr gepflanzt werden, wenn es im Freien noch zu kalt dafür ist.

GUT ZU WISSEN: *Schnell aufgebaut ist ein Folientunnel mit einem Gerüst aus Drahtbügeln und einer Bespannung aus Gartenfolie oder Kunststofffaservlies.*

TIPP

» Im Fachhandel erhalten Sie eine Vielzahl an Bausätzen für Gewächshäuser. Mit dem notwendigen Material und ein bisschen handwerklichem Geschick lassen sich jedoch auch Eigenkonstruktionen, z. B. aus ausrangierten Fenstern, bewerkstelligen. «

PET-Flaschen mit aufgeschnittenem Boden und offenem Deckel ermöglichen ein mildes Treibhausklima und schützen Sämlinge und kleine Pflänzchen vor Witterung und Schneckenbefall.

1 Plastikflaschen-Gewächshäuser

2 Frühbeetkästen

Frühbeetkästen kann man im Baumarkt oder im Gartencenter fertig kaufen oder z. B. aus Brettern und alten Fenstern selbst bauen. Letztere sollten hochkippbar montiert werden, um regelmäßig lüften zu können.

↓ Mobile Minigewächshausaufsätze sind Frühbeete im Miniformat. Sie schützen kälteempfindliche Jungpflanzen und Kräuter gezielt vor Frost und tiefen Temperaturen.

3 Minigewächshausaufsätze

4 Folien- bzw. Vliestunnel

↑ Eine Alternative zu Gewächshäusern bieten Folien- oder Vliestunnel. Sie sind im Handumdrehen aufgebaut und ermöglichen den Anbau von Salat und Gemüse vor der Freilandsaison.

↓ Eine stabile Konstruktion aus lichtdurchlässigem Material (z. B. Glas, Kunststoff, Folien) schützt vor Wind und Wetter und wandelt die Sonneneinstrahlung in Wärme um.

5 Gewächshaus

BEETE IN GEWÄCHSHÄUSERN: *Ebenerdige Gewächshausbeete sollten Sie ausreichend tief umgraben und mit Hühnerdraht gegen unterirdische tierische Eindringlinge schützen. Ein wasserdurchlässiges Unkrautvlies, das auf dem Boden ausgelegt wird, schützt zudem vor Unkrautbefall. Aufgrund der intensiven Nutzung muss der Boden jährlich mit Kompost aufgebessert werden.*

Ein Gewächshaus kann zur Anzucht von Jungpflanzen vor Beginn der eigentlichen Gartensaison genutzt werden. Hierfür benötigt man stabile Tische für die Anzuchtschalen und Blumentöpfe.

6 Anzucht von Jungpflanzen

7 Optimale Platznutzung

Pflanz- und Anzuchttische sowie -regale, Gewächshaustische als Abstellmöglichkeit für Kübel- und Topfpflanzen sowie Bankbeete ermöglichen eine gute vertikale Platzausnutzung.

FÜR EINE GUTE BELÜFTUNG SORGEN

Wichtig ist eine gute Belüftung, damit kein Hitzestau entsteht. Daher sollten Sie Luftklappen, Tür oder Fenster öffnen, um die Luftzirkulation zu gewährleisten. Wird es nachmittags oder abends wieder kälter, werden Tür und Fenster wieder geschlossen. An sehr heißen Tagen Bast- oder Strohmatten zum Beschatten nützen.

8 Räumliche Gliederung

Innerhalb eines Gewächshauses können die Pflanzen z. B. in Beeten, an Rankhilfen oder in Hängetöpfen wachsen. Auch das Überwintern von Pflanzen in Kübeln ist hier möglich.

Klassisch ist ein Grundbeet auf ebenem Boden. Hier lassen sich auch tief wurzelnde Pflanzen anbauen. Zudem lassen sie sich einfach durch das Untermischen von Kompost oder Mist aufbereiten.

9 Beetformen für Gewächshäuser

IM GEWÄCHSHAUS RICHTIG GIESSEN

Frühmorgens oder spätnachmittags ist die beste Gießzeit. Gießt man hingegen bei direkter Sonneneinstrahlung, können durch die wie Brenngläser wirkenden Wassertropfen Verbrennungen an den Pflanzen entstehen. Beim Gießen sollte generell kein Wasser auf die Blätter gelangen. Gießen Sie besser die Erde unter den Pflanzen.

Vor allem wärmeliebende Gemüsesorten, die im Freiland weniger gut gedeihen, wie z. B. empfindliche Tomaten oder Auberginen, Paprika und Gurken, bringen im Gewächshaus gute Erträge.

10 Reiche Ernte

11 Technische Einrichtungen

Wassertanks sorgen für die bequeme Bewässerung des Gewächshauses, eine installierte Heizung schützt vor Nachtfrösten und automatische Fensteröffner regulieren Luftfeuchtigkeit und Temperatur.

Obst im Garten anbauen

Obst im Garten anbauen

Obstgehölze sind für Selbstversorgergärten ideal, denn die meisten Obstarten können nicht nur frisch gegessen werden, sondern lassen sich auch hervorragend konservieren. Je nach Gartengröße eignen sich verschiedene Obstarten für den Anbau. Für kleine Gärten gibt es Zwergobstzüchtungen, Säulenobst, Obstspaliere und -büsche, in größeren können auch Hochstämme gepflanzt werden. Man kann entweder einen separaten Obstgarten anlegen oder die Obstgehölze in den Gemüsegarten integrieren. Wichtig für reiche Erträge sind nährstoffreiche, lockere, tiefgründige, humose Böden, die frei von Staunässe sind, sowie Pflanzen, die an das Klima der jeweiligen Region angepasst sind.

***GUT ZU WISSEN:** Bäume benötigen zu ihrer Entfaltung viel Platz und auch Sträucher sollten nicht zu dicht stehen, um sich gut entwickeln zu können.*

1 Spalierobst bei Platzmangel

Mit wenig Platz im Garten ist Spalierobst ideal. Obstbäume werden hier an einem Spalier gezogen, vorzugsweise an einer nach Süden ausgerichteten Hauswand. Neben der Platzersparnis hat dies noch einen weiteren Vorteil: Da die Wand Wärme speichert, können an ihr wärmeliebende Gehölze wie Aprikosen oder Pfirsiche erfolgreich angebaut werden.

TIPP

» Achten Sie darauf, Obst mit verschiedenen Erntezeiten anzubauen. So können Sie das ganze Jahr über ernten und auch die Arbeit verteilt sich auf mehrere Monate. «

INFO

» Selbstfruchtbare Obstgehölze wie z. B. Pfirsiche, Quitten und Weinreben können allein gepflanzt werden, selbstunfruchtbare Arten wie Äpfel, Birnen oder Süßkirschen benötigen eine passende benachbarte Befruchtersorte, um bestäubt zu werden. «

Besorgen Sie sich vor dem Anbau das richtige Werkzeug wie eine stabile Leiter, Scheren und Sägen und planen Sie Platzbedarf und voraussichtliche Größe beim Einpflanzen der Obstbäume ein.

2 Vorbereitung und Planung

3 Jungpflanzen stützen

Ein Pfahl als Stütze hilft frisch gepflanzten, jungen Bäumen, kräftige Wurzeln zu entwickeln. Der Pfahl wird ca. 60 Zentimeter tief in die Pflanzgrube geschlagen und sollte nicht in die Krone reichen.

4 Früchte ausdünnen

Trägt der Obstbaum zu viele Früchte, kann er nicht alle optimal versorgen, was die Erntequalität mindert. Entfernen Sie also überschüssige Früchte, sodass zwischen diesen eine Handbreit Platz bleibt.

PFLANZTERMIN

Obstgehölze werden am besten im Herbst, also Oktober bis November, gepflanzt, damit sie vor dem Winteranbruch noch genügend Wurzeln bilden und reichlich Wasser speichern können. Pflanzt man die Bäume dagegen erst im Frühjahr, sind diese oft überfordert, da sie neben den Wurzeln auch noch Triebe, Blätter und Blüten ausbilden müssen.

Düngen und gießen

TIPP

» Gießen Sie vor allem in den heißen Sommermonaten an warmen Tagen zweimal täglich. Meiden Sie dabei jedoch die pralle Mittagssonne, sonst kann es zu Verbrennungen auf der Blattoberfläche kommen. «

Düngen und gießen

Je nach Art benötigen die Pflanzen in Ihrem Selbstversorgergarten mehr oder weniger Wasser und Dünger. So bleiben die Pflanzen vital, gesund und widerstandsfähig. Jede Pflanze hat einen bestimmten Wasserbedarf. Vor allem bei großen Selbstversorgergärten empfehlen sich Bewässerungssysteme, die die Arbeit erleichtern und die Arbeitszeit verringern. Außerdem verbrauchen die Pflanzen eines Nutzgartens stetig Nährstoffe. Diese werden dem Boden entzogen, sodass regelmäßige Düngergaben unverzichtbar sind. Im Selbstversorgergarten kommen hierfür vornehmlich Kompost, Gründüngung oder Kräuterjauchen infrage. Auf Kunstdünger kann man dann weitgehend verzichten.

GUT ZU WISSEN: *Aufgrund des hohen Wasserverbrauchs in einem Nutzgarten sollten Selbstversorger alle Möglichkeiten einer kostenlosen Bewässerung nutzen. Hier empfehlen sich Regentonnen oder Regenzisternen.*

Wer Beete mulcht, kann den Wasserverbrauch senken. Eine ca. 5 Zentimeter dicke Mulchschicht reicht, um die Erde vor Austrocknung zu schützen. Gleichzeitig steigert sie noch die Bodenqualität.

1 Weniger Wasserverbrauch

2 Bewässerungsautomat

Wer Zeit sparen möchte oder wegen Urlaubs nicht gießen kann, kann seine Beete auch automatisch bewässern lassen. Hochmoderne Sprinklersysteme und Bewässerungscomputer übernehmen die Aufgabe.

3 Bewässerungssysteme und Tröpfchenbewässerung

Schläuche oder Rohre mit kleinen Öffnungen versorgen die Pflanzen regelmäßig und tröpfchenweise mit Wasser. Das verringert den Wasserverbrauch und Blätter werden nicht mit Gießwasser überschwemmt.

Moderne Regenwasserbehälter besitzen im unteren Bereich einen Auslaufhahn zum problemlosen Anschluss für den Gartenschlauch. Eine wassersparende und unkomplizierte Art, um seine Beete zu gießen.

4 Regenwasserspeicher

5 Jungpflanzen angießen

Da die Wurzelsysteme von Jungpflanzen noch nicht komplett ausgebildet sind, können sie kein Wasser aus tieferen Erdschichten ziehen. Regelmäßiges Gießen ist hier deshalb besonders wichtig.

HORNSPÄNE UND HORNMEHL

Hornspäne und aus ihnen hergestelltes Hornmehl besteht aus den Hörnern und Hufen von Rindern. Sie versorgen die Erde auf umweltschonende Art mit Stickstoff, da vor allem die Späne die Mineralstoffe sehr langsam abgeben und eine Überdüngung oder Auswaschung somit vermieden wird. Wegen der langsamen Wirkung sollte man Hornspäne schon im Herbst ausbringen.

6 Bodenanalyse

Um Überdüngung bzw. zu weniges Düngen zu vermeiden, ist eine Bodenanalyse der Gartenerde sinnvoll. Diese übernehmen spezielle Labore, denen man selbst entnommene Erdproben schicken kann.

Flüssigdünger verwendet man vor allem bei der Topfpflanzendüngung. Im Beet verwendet man ihn am besten dann, wenn die Pflanzen besonders schnell die wichtigen Nährstoffe benötigen.

7 Flüssigdünger

8 Bodenverbesserung durch Gesteinsmehle

Gesteinsmehl kann unter anderem aus Basalt, Quarz oder Lava bestehen und verbessert nach einer langfristigen Anwendung die Bodenstruktur sowie die Zusammensetzung der mineralischen Spurenelemente.

Kompost eignet sich ideal zum Düngen, ist umweltfreundlich und verbessert zusätzlich die Struktur des Bodens. Einfach eine einige Zentimeter dicke Schicht auftragen und leicht einharken.

9 Düngen mit Kompost

10 Mit Pflanzenjauchen düngen

Pflanzenjauche ist einfach herzustellen und versorgt Ihre Pflanzen ideal mit Nährstoffen. Einfach Pflanzenschnitt z. B. von Brennnessel, Löwenzahn oder Kamille mit Wasser mischen und diese gären lassen.

Manche Pflanzen wie z. B. Kürbis oder Zucchini sind Starkzehrer und fühlen sich auf einem Komposthaufen pudelwohl. So erhält man eine gute Ernte und der Komposthaufen wird optisch aufgewertet.

11 Kürbis direkt auf den Kompost pflanzen

ZEITPUNKT FÜRS KOMPOSTDÜNGEN: *Kompost arbeitet man am besten im Herbst in die Beete ein, denn dies hat einige Vorteile. So sterben über die kalten Wintermonate eventuelle Krankheitserreger im Kompost ab. Außerdem wird die Struktur des Komposts durch den Frost feiner. Im Frühjahr steht er dann den Pflanzen sofort zur Verfügung.*

Wundermittel Kompost

Wundermittel Kompost

Selbstversorger schwören auf selbst hergestellten Kompost, um ihre Pflanzen zu düngen und damit wuchsfreudig und gesund zu erhalten. Denn Kompost führt den Pflanzen wichtige organische Substanzen und Nährstoffe zu. Beim Kompostieren verwandeln Bodenlebewesen wie Bakterien, Pilze und Würmer organisches Material wie Garten- und Küchenabfälle in Erde. Der Vorteil: Der Kompost bietet eine Recyclingmöglichkeit für organische Abfälle und ein entsprechender Kunstdünger muss nicht zugekauft werden. Ein Kompostbehälter ist in der Regel nicht nötig. Es genügt, den Komposthaufen kegelförmig aufzuschütten. Eine Holzeinfassung hat jedoch den Vorteil, dass man dabei höher schichten kann.

GUT ZU WISSEN: *Um die Nährstoffe zu erhalten und die Pflanzen mit wertvollem Humus zu versorgen, wird immer wieder Kompost in kleinen Mengen auf den Beeten verteilt.*

TIPP

» Den Platz für den Komposthaufen richtet man praktischerweise so ein, dass man ihn von der Küche aus bequem erreichen kann. Ein fester, gepflasterter Zugangsweg hilft dabei, mit der Schubkarre Pflanzenabfälle leicht zum Kompostplatz und den frischen Humus zu den Beeten zu transportieren. «

1 Unterschiedliche Kompostsilos

↑ Da der Kompost erst nach zwei bis drei Jahren völlig ausgereift ist, ist es optimal, ihn je nach Reife in verschiedene Bereiche nach frisch aufgesetztem, halbreifem und reifem Kompost zu trennen.

Damit der Kompost schnell reift, kann er alle zwei bis drei Wochen umgeschichtet werden, mindestens jedoch zweimal jährlich, damit er nicht fault. Zu lange sollte er aber nicht lagern, denn sonst entstehen Nährstoffverluste.

2 Nicht zu lange reifen

Um feste, nicht verrottete und grobe Bestandteile herauszufiltern, wirft man den fertigen Kompost durch ein Kompostsieb. Der dabei entstehende feine Kompost wird im Beet verteilt.

3 Kompost durchwerfen

WAS GEHÖRT AUF DEN KOMPOST?: *Der Kompostbehälter muss einen Mindestinhalt von 1 Kubikmeter haben, da sonst der Rotteprozess nicht ablaufen kann. Neben rohen Küchenabfällen und feinem Rasenschnitt sollten auch grobe Gartenabfälle wie gehäckselte Äste auf den Kompost, um eine gute Luftzufuhr zu gewährleisten. Nicht auf den Kompost gehören gekochte Küchenabfälle, kranke Pflanzenteile und Unkräuter.*

4 Schnellkomposter aus Kunststoff

Für kleine Gärten eignen sich Schnellkomposter aus Plastik. Sie ermöglichen eine höhere Wärmeentwicklung und damit eine schnellere Zersetzung. Doch auch sie müssen einen unversiegelten Standort haben.

5 Rollkomposter

Runde oder tonnenförmige Rollkomposter lassen sich im Garten dorthin bewegen, wo die Grünabfälle anfallen. Dadurch, dass der Inhalt ständig umgewälzt wird, entfällt das Umschichten.

Schädlings-
bekämpfung

Schädlings-bekämpfung

Schädlinge treten in Nutzgärten immer wieder auf. Hier setzt man auf einen biologischen Pflanzenschutz, um die Pflanzen widerstandsfähig zu machen. Vermeiden Sie Monokulturen, denn viele Schädlinge befallen nur bestimmte Pflanzen und verbreiten sich darin rasch. Mischkulturen beugen einem Schädlingsbefall ebenso vor wie mechanische Schutzmaßnahmen (z. B. Schutznetze, Schneckenzäune, Leimringe oder Wühlmausgitter), im Garten angesiedelte Fressfeinde von Insekten und anderen Schädlingen oder Kräuter, die mit ihrem starken Duft Schädlinge fernhalten. Kräuterbrühen und -jauchen machen Pflanzen widerstandsfähig und schrecken ebenfalls verschiedene Pflanzenschädlinge ab.

GUT ZU WISSEN: *Nur in Extremfällen sollte man vorsichtig und gezielt zu chemischen Mitteln greifen, da einige dieser Mittel nur langsam abgebaut werden und dann mit dem geernteten Obst und Gemüse auf den Teller gelangen.*

TIPP

» Sorgen Sie für ausreichend Nährstoffe, gut dosierte Düngergaben, genügend Wasser und eine angemessene Pflege, um Ihre Pflanzen widerstandsfähig zu machen. Auch ausreichend große Pflanzabstände verringern die Gefahr eines Krankheitsbefalls. «

Eine besonders ökologische Schädlingsbekämpfung ist, den natürlichen Fressfeinden von Schädlingen ein Zuhause zu schaffen. Tontöpfe, gefüllt mit Heu oder Stroh, sind hierfür ideal.

1 Insektenunterschlupf Tontopf

2 Insektenhotel

Auch sogenannte Insektenhotels bieten gute Bedingungen für Marienkäfer, Mauerbienen, Schwebfliegen und Florfliegen, die sich hier fortpflanzen und überwintern können.

Um Schnecken, Läuse oder Pilzbefall abzuwehren, kann man Gesteinsmehl einsetzen. Dieses wird mithilfe eines Bestäubers auf die Pflanze aufgesprüht und hilft so umweltfreundlich gegen Schädlinge.

3 Gesteinsmehl gegen Schädlingsbefall

4 Netze als Schutz vor Fraßfeinden

Die mechanische Abwehr vor Fraßfeinden erfolgt am besten mit sogenannten Gemüseschutznetzen. Diese kann man als Meterware im Gartencenter kaufen und dann sorgfältig über das Beet legen.

Größere Schädlinge wie Schnecken oder Raupen lassen sich auch gut manuell absammeln. Hierfür ist dann eine regelmäßige und vor allem sorgfältige Kontrolle nötig.

5 Regelmäßige Kontrolle und manuelles Absammeln

KRÄUTER GEGEN SCHÄDLINGE: Manche Schädlinge ertragen die Duftstoffe verschiedener Kräuter nicht und können dadurch wunderbar abgeschreckt werden. So wirken duftende Kräuter wie Lavendel, Oregano, Salbei oder Thymian gegen Blattläuse. Auch Schnecken, Kohlweißlinge und Raupen sind keine Freunde des Salbeis. Ein gutes Argument also, um seinen Garten mit vielen duftenden Kräutern zu verschönern.

Um Samen und Früchte vor gefräßigen Vögeln zu schützen, hat sich schon seit Beginn des Ackerbaus die Vogelscheuche bewährt, die durch ihre menschenähnliche Gestalt abschrecken soll.

6 Vogelscheuche

7 Leimring

Um Obstbäume vor Schädlingen wie dem Frostspanner zu schützen, kann man am Stamm einen Leimring anbringen. Dieser hält die weiblichen Frostspanner dann davon ab, in die Krone der Bäume zu gelangen.

MILCH GEGEN MEHLTAU

Echten Mehltau erkennt man an dem weißen, mehligen Belag auf den Blättern. Er befällt meist Rosen und andere Ziersträucher, aber auch Stachelbeeren, Apfelbäume oder Möhren. Ein umweltfreundliches Mittel gegen Mehltau ist das Besprühen mit einem Wasser-Milch-Gemisch. Die Mikroorganismen der Milch bekämpfen erwiesenermaßen den Mehltau-Pilz und ihre Inhaltsstoffe stärken zudem die pflanzlichen Abwehrkräfte.

8 Vogelkasten direkt im Obstbaum

Um Meisen, Spechte und Co. anzulocken und ihren großen Hunger auf Schädlinge aller Art zu nutzen, eignet sich hervorragend ein Bruthäuschen, das direkt im Obstbaum aufgehängt wird.

Wer einen ausreichend großen Garten, idealerweise mit Gartenteich, besitzt, kann sich die pflegeleichten, indischen Laufenten zulegen. Diese sind ausgewiesene Schneckenjäger.

9 Indische Laufenten

PFLANZENGESUNDHEIT FÖRDERN

Eine weitere vorbeugende Maßnahme gegen Schädlinge und vor allem Pilzbefall ist, die Gesundheit der Pflanze insgesamt besonders zu fördern. Denn je gesünder und stärker die Pflanzen sind, desto besser können sie sich gegen Schädlinge und Krankheiten wehren. Ein nährstoffreicher Boden ist Voraussetzung für gesunde Pflanzen, weshalb der Einsatz von Dünger, Kompost und Gesteinsmehlen sehr zu empfehlen ist.

Falls es Schnecken und Raupen trotz aller Vorsorge in Ihre Beete schaffen, sprüht man am besten Brennnesseljauche oder Seifenlauge auf die Pflanzen und versucht, die chemische Keule zu vermeiden.

10 Starker Schädlingsbefall

11 Pheromonfalle gegen Obstbaumschädlinge

Gegen Obstbaumschädlinge kann man auch Pheromonfallen einsetzen. Diese mit Leim ausgestrichenen Fallen locken die Insekten mit einem Sexualduftstoff an. Die Schädlinge bleiben dann im Leim kleben.

Tierhaltung im Garten

Tierhaltung im Garten

Die Haltung von kleinen Nutztierarten sowie die Bienenzucht im Garten ergänzen den Anbau von Obst und Gemüse um Lebensmittel tierischer Herkunft. So liefern z. B. Kaninchen Fleisch, Geflügel Eier und Bienen Honig. Zudem kommen die Tiere auch dem Pflanzenanbau zugute. Im Selbstversorgergarten gehaltene Laufenten beispielsweise vertilgen Schnecken, und Bienen bestäuben Gemüse- und Obstpflanzen. Welchen Tieren man dabei im Garten ein Zuhause bietet, hängt vom Platzangebot ab. Eine Bienenkiste beispielsweise hat selbst in den kleinsten Gärten Platz und auch Hühner, Wachteln und Kaninchen kommen mit einem recht beschränkten Platzangebot aus.

GUT ZU WISSEN: Tiermist, z. B. von Kaninchen, Wachteln und Hühnern, lässt sich in Mistkompost verwandeln, der sich besonders gut für die Düngung von Starkzehrern wie Tomaten und Kohlgemüse eignet.

TIPP

» Beachten Sie, dass die Tiere artgerecht gehalten werden müssen. Hierzu gehört z. B. eine Haltung in kleinen Gruppen ebenso wie Ställe, Freilaufmöglichkeiten und das passende Futter. «

1 Hühnerstall

Neben einem geräumigen und wetterfesten Stall ist eine große Auslauffläche unbedingt für die artgerechte Haltung von Geflügel notwendig. Für ein langes und gesundes Leben ist regelmäßige Bewegung im Freien Voraussetzung. Dort können die Hühner scharren oder in der Erde baden.

2 Richtige Größe

Die Größe des Hühnerstalls muss der Anzahl der Tiere entsprechen. Als Faustregel kann gelten: je drei Hühner 1 Quadratmeter. Der Stall muss im Winter warm sein und im Sommer gut belüftet, aber nicht zugig.

Die Haltung von Hühnern hat den Vorteil, dass die Tiere den Küchenplan mit frischen Eiern bereichern, sie unermüdliche Jäger von Schadinsekten sind und Hühnermist ein guter Dünger im Kompost ist.

3 Vielseitige Hühner

4 Junge Küken

Wenn Sie Kinder haben, lassen Sie Ihre Hühner doch mal ein Ei ausbrüten und beobachten Sie gemeinsam das Schlüpfen und Heranwachsen. So sorgen Sie auch für Nachwuchs in der Hühnerschar.

5 Resteverwerter

Hühner, Gänse und Enten sind gute Resteverwerter Ihrer Küchenabfälle. Allerdings sollten Sie davon nicht allzu viel füttern, da stark Gesalzenes wie etwa Wurst auf Dauer ungesund ist.

NACHBARN INFORMIEREN

Besonders Gänse machen sich bisweilen lautstark bemerkbar. Sorgen Sie dafür, dass sich Ihre Nachbarn nicht gestört fühlen.

Gänse sind nicht nur einfach zu halten, sondern darüber hinaus auch noch überaus aufmerksame Wachtiere, an denen niemand unbemerkt vorbeikommt. Für Selbstversorger liefern sie neben Fleisch auch noch Federn und Fett.

6 Aufmerksame Wachtiere

7 Entenhaltung

Für die Entenhaltung muss ein Gartenteich vorhanden sein. Das Wasser brauchen die Tiere für die Gefiederpflege und im Sommer zur Abkühlung.

Bei der Haltung von Kaninchen sollten Sie die Tiere gut vor Feinden schützen, denn Marder, Fuchs und Raubvögel können schnell zur Gefahr werden.

8 Gefahr fürs Kaninchen

Schützen Sie den Stall, in dem sich die Kaninchen über Nacht befinden, mit einem extrastarken Draht vor ungebetenen Besuchern.

9 Sicherer Stall

HASE

Bei Hasen und Kaninchen handelt es sich um ganz unterschiedliche Gattungen, die aber auch für den Laien leicht zu unterscheiden sind: Hasen haben meist längere Ohren, kräftigere Hinterbeine, leben als Einzelgänger und sind Nestflüchter. Kaninchen dagegen leben in Gruppen und einige Arten werden blind geboren und sind Nesthocker.

Wählen Sie den Standort des Kaninchenstalls sorgfältig aus. Er sollte windgeschützt und nicht in der direkten Sonne stehen, da Kaninchen keine Hitze vertragen. Ideal ist ein Platz im Halbschatten.

10 Standort

11 Nur als Gruppe

Kaninchen fühlen sich nur in der Gruppe wohl, halten Sie daher nie ein Einzeltier. Bedenken Sie deshalb vor der Anschaffung, ob Sie ausreichend Platz für mehrere Tiere haben.

IMKERVEREINE

Informationen rund um die Anschaffung und Haltung von Bienen erhalten Sie bei einem Imkerverein in Ihrer Umgebung.

FLEISSIGE BIENEN

Für 1 Kilo Honig muss eine Biene rund 60.000 Honigblasenfüllungen in den Stock transportieren. Wenn man bedenkt, dass sie für eine Blasenfüllung bis zu 80 Blüten anfliegen muss, weiß man, wie viel Arbeit eine kleine Biene dafür leisten muss. Übrigens: Eine Biene kann bis zu 25 km/h schnell fliegen und wiegt ganze 0,1 Gramm.

12 Nützliche Tiere

Bienen ernähren sich von Nektar und Pollen. Auf ihrer Suche nach Futter bestäuben sie ganz nebenbei die Blüten von Bäumen, Sträuchern und Blumen. Ohne die fleißigen Bienen hätten wir also kein Obst und keine Früchte.

Bienen brauchen in der näheren Umgebung des Bienenstocks ein ausreichendes Nahrungsangebot. Ideal sind Obst- und Kleingärten, Mischwälder oder Blumenwiesen.

13 Bienenwiese

14 Das Bienenvolk

Ein gesundes Volk kann im Sommer bis zu 40.000 Bienen beheimaten. Der „Hofstaat" besteht aus einer Königin, ihren weiblichen Arbeiterinnen, die sie umsorgen, und den männlichen Drohnen.

Mit einem Rauchbläser, einem Smoker oder einer Imkerpfeife beruhigt der Imker die Bienen und kann so den Zustand seines Volkes kontrollieren ohne von den Tieren gestochen zu werden.

15 Rauchbläser

16 Zarge oder Beute

In der sogenannten Beute oder Zarge hängen mehrere mit Wachs bekleidete Rähmchen nebeneinander. Diese übereinander gestapelten Zargen dienen entweder als Brut- oder als Honigraum.

Ein Bienenvolk ist von einer Vielzahl von Schädlingen bedroht, daher sollte der Imker regelmäßige die einzelnen Rähmchen kontrollieren.

17 Regelmäßige Kontrollen

SCHÄDLINGE: *Parasiten und andere Schädlinge können ganze Bienenvölker vernichten. Zu den bei Imkern gefürchtetsten gehört die Varroamilbe, die sich von der Blutflüssigkeit der Bienen ernährt und sich in der Brut einnistet. Aber auch Wildtiere wie Spitzmäuse und Wespen stellen für das Überleben des Bienenvolks eine große Gefahr dar.*

Ernten und lagern

Ernten und lagern

Waren Anbau und Pflege erfolgreich, geht es an den für den Selbstversorger wichtigsten Teil der Gartenarbeit: die Ernte und Lagerung der selbst angebauten Nahrungsmittel. Hier spielt der richtige Zeitpunkt eine wichtige Rolle. Er hängt von der Pflanzenart, dem Klima und der Bodenbeschaffenheit ab. Daher empfiehlt es sich, um den jeweils empfohlenen Erntezeitpunkt herum jeweils eine einzelne Frucht zu ernten und zu probieren. Ist sie reif, kann die Ernte folgen. Ernteüberschüsse bei Obst und Gemüse lassen sich in vielen Fällen gut einlagern. Hierzu sind Lagerräume mit niedrigen Temperaturen und hoher Luftfeuchtigkeit geeignet (z. B. Keller, Erdmiete).

GUT ZU WISSEN: Obst und Gemüse sollten Sie nie zusammen einlagern, da das vom Obst abgegebene Reifegas Ethylen das Gemüse rascher verderben lässt.

TIPP

» Obst, Gemüse und Kräuter, die nicht konserviert werden, werden am besten kurz vor dem Verzehr geerntet. Bei einigen Kernobstsorten ist allerdings zu beachten, dass die Früchte nach der Ernte noch einige Zeit nachreifen sollten, um genussreif zu sein. «

1 Möhren herausziehen

↑ Lockern Sie die Erde vorsichtig mit einer Grabgabel und ziehen Sie die Möhren dann vorsichtig am Grün heraus. Achten Sie beim Einstechen darauf, dass Sie das Gemüse nicht verletzen. Zum Einlagern drehen Sie das Grün vorsichtig ab und legen die Möhren am besten in eine Sandkiste in den Keller. Hier halten sie sich mehrere Monate.

Mit einem Rhabarbertopf können Sie die Ernte beschleunigen. Unter der Abdeckung treibt die Pflanze schnell aus und ist schon nach vier Wochen erntereif. Zudem entwickelt sie ein feineres Aroma.

2 Rhabarbertopf

3 Grüne Kartoffeln

Sobald die Kartoffelpflanze braun wird, können Sie die Knollen aus dem Boden holen. Achtung: Grüne Kartoffeln sollten Sie bei der Ernte sofort aussortieren, da sie giftiges Solanin enthalten.

4 Rosenkohl

Rosenkohl können Sie ab dem Spätsommer ernten. Schneiden Sie dabei immer nur die Knospen ab, die vollständig ausgereift sind.

TAGESZEIT

Bohnen, Möhren, Spinat und Salat sollten Sie immer erst am Nachmittag ernten, und am besten an einem sonnigen Tag. Dann ist bei diesen Gemüsearten der Nitratgehalt am niedrigsten und der Vitamingehalt am höchsten.

LAGEROBST

Bei Äpfeln und Birnen sollten Sie sich schon beim Kauf informieren, ob das Obst lagerfähig ist.

5 Stangenbohnen ernten

Stangenbohnen treiben über einen längeren Zeitraum immer wieder frisch nach. Ernten Sie sie regelmäßig ab, dann sind sie noch zart und vitaminreich. Wenn sie länger hängen, werden Bohnen oft holzig.

Viele Apfelsorten lassen sich nach der Ernte noch mehrere Wochen lagern. Achten Sie aber darauf, ob die Äpfel Druckstellen haben, in diesem Fall am besten gleich verarbeiten.

6 Lageräpfel

REGELMÄSSIG PRÜFEN: *Prüfen Sie Ihr eingelagertes Obst regelmäßig auf faule Stellen. Sortieren Sie das befallene Obst schon beim ersten Anzeichen aus, da sich die Fäulnis schnell auf die übrigen Früchte überträgt.*

Dass die Weintrauben erntereif sind, erkennen Sie daran, dass sich die Stängel braun färben. Erst dann haben die Früchte ihren vollen Geschmack ausgebildet und sind besonders süß.

7 Weinlese

8 Schnell verarbeiten

Kirschen lassen sich nur kurze Zeit aufbewahren. Können Sie sich über eine reichliche Ernte freuen, sollten Sie sich rechtzeitig überlegen, wie Sie die roten Früchte verarbeiten wollen.

9 Zwiebeln einlagern

Zwiebeln hängen Sie einfach an einem trockenen, luftigen und kühlen Ort auf. Vermeiden Sie direkte Sonneneinstrahlung, da die Zwiebeln sonst aufspringen.

Ideal für Kartoffeln oder Kohl ist eine Lagermöglichkeit im Freien. Behalten Sie aber die Temperaturen im Auge und holen Sie das Gemüse an einen geschützten Ort, sobald Fröste drohen.

10 Lagern im Freien

11 Lagern im Keller

Das Problem bei der Lagerung in Kellerräumen ist oftmals die zu hohe Temperatur. Hier besteht die Gefahr, dass das Gemüse austrocknet oder austreibt. Ungeeignet ist auch eine zu hohe Luftfeuchtigkeit.

Planvolle Vorratshaltung

Planvolle Vorratshaltung

Den Sommer über bietet der Selbstversorgergarten alle möglichen Obst- und Gemüseerträge und die Selbstversorgung aus dem eigenen Garten fällt recht leicht. Im Winter hingegen ist dies weitaus schwieriger. Ernteüberschüsse können jedoch gut konserviert werden. Auf diese Weise kann man als Selbstversorger die Folgen von Ernteausfällen abfedern und das ganze Jahr über von den Früchten der saisonalen Ernte zehren. Mögliche Konservierungsmethoden sind je nach Pflanzenart z. B. Einfrieren, Einkochen, Einlegen, aber auch Trocknen und Dörren oder Kandieren kommen infrage. Daneben lassen sich durch Entsaften und das Herstellen von Wein, Likör und Sirup auch flüssige Lebensmittelvorräte herstellen.

GUT ZU WISSEN: *Wer Tiere in seinem Selbstversorgergarten hält, kann die Fleischvorräte durch Räuchern, Pökeln und Trocknen haltbar machen.*

TIPP

» Beschriften Sie Konserven wie z. B. Einmachgläser, Dosen mit getrockneten Kräutern oder Flaschen mit in Essig oder Öl eingelegten Pflanzen stets mit Verarbeitungsdatum und Inhaltsangabe. So hat man ohne Verwechslungsgefahr schnell das Richtige zur Hand und kann besser einschätzen, bis wann die Vorräte verbraucht werden müssen. «

Gläser und Deckel legen Sie 10 Minuten in heißes Wasser und danach zum Trocknen bei 100 Grad in den Backofen. Die Gummiringe kommen ca. 5 Minuten in Essigwasser und bleiben bis zur Verwendung darin liegen.

1 Gläser sterilisieren

2 Bügelflaschen

Säfte lassen sich sehr gut in Bügelflaschen aufbewahren. Der Bügel übt auf den Deckel einen ständigen Druck aus, sodass nach dem Einfüllen des heißen Saftes kein weiteres Erhitzen mehr notwendig ist.

3 Sauerkraut herstellen

5 Kilogramm Weißkraut hobeln, eine Schicht in den Gärtopf geben und mit etwas Salz, Kümmel und Wacholderbeeren bestreuen. Nun kräftig stampfen, bis die austretende Flüssigkeit alles bedeckt. Vorgang wiederholen, bis der Kohl aufgebraucht ist, mit einem Stein beschweren und alles an einem warmen Ort ca. sechs Wochen gären lassen.

Ideal zum Einfrieren von Kräutern sind Eiswürfelbehälter. So lassen sich die Kräuterlinge immer portionsgerecht entnehmen: Kräuter hacken, mit etwas Wasser bedecken und ab ins Gefrierfach.

4 Kräuter einfrieren

5 Mixed Pickles

Gemüse putzen, schneiden, waschen und in Gläser schichten. Aus halb Essig und Wasser einen Sud abschmecken, Gewürze und eventuell Zucker zugeben, aufkochen, Gläser heiß damit auffüllen und sofort fest verschließen.

GELEE

Gelee, Konfitüre, Marmelade – was ist was? Streng genommen handelt es sich laut Handelsbezeichnung bei Marmelade um Aufstriche, die ausschließlich aus Zitrusfrüchten bestehen. Aufstriche aus anderen Fruchtsorten werden als Konfitüre bezeichnet. Beides darf Fruchtstückchen enthalten. Für die Herstellung von Gelee hingegen werden keine Früchte, sondern ausschließlich Fruchtsaft verwendet.

6 Marmelade einkochen

Früchte putzen, waschen, eventuell klein schneiden und mit der doppelten Menge Gelierzucker (2:1) mischen. Alles aufkochen, heiß in saubere Gläser füllen und sofort fest verschließen.

Gelingt leicht, braucht aber Geduld: Tomaten halbieren, Saft und Kerne entfernen und auf ein Backblech legen. Mit Meersalz bestreuen und bei 90 Grad ca. 6 Stunden im Backofen trocknen lassen.

7 Trocknen und dörren

8 Tomaten einkochen

Tomaten putzen, waschen, enthäuten und aufkochen. Tomaten und ausgetretenen Tomatensaft heiß in Gläser füllen und sofort verschließen. Wenn Sie noch Kräuter zugeben, haben Sie bereits eine fertige Soße.

Aus Früchten wie Wein oder Johannisbeeren lässt sich mit einer kleinen Handpresse leicht Saft gewinnen. Aufgekocht und in Flaschen gefüllt, lässt sich dieser problemlos mehrere Monate aufbewahren.

9 Saft auspressen

10 Wein herstellen

Den eigenen Wein herzustellen bedarf ein wenig Übung und Geduld. Im Fachhandel finden Sie die entsprechende Grundausrüstung wie Gärbehälter, Stopfen und Gärröhrchen, Weinhefe und Milchsäure.

Beim Dampfentsaften werden die Früchte in einem dreiteiligen Topf (Wasser- und Auffangbehälter, Fruchtkorb) über Wasserdampf entsaftet. Der Vorteil ist hier, Sie erhalten reinen Saft ohne Schalen und Kerne.

11 Dampfentsaften

MOSTEREIEN: *Wenn Sie keine Gelegenheit zum Selbstpressen haben, stellen Ihnen Gartenbauvereine oder mobile Mostereien aus Ihrem eigenen Obst Saft her. Dies lohnt vor allem bei größeren Mengen oder bei festen Früchten wie etwa Äpfeln oder Quitten. Informationen über Mostereien in Ihrer Nähe finden Sie auch unter www.nabu.de.*

PFLANZEN VON A-Z

FÜR DEN SELBSTVERSORGER-GARTEN

Gemüsepflanzen

Ein Gemüsebeet bringt meist schnelle Erträge, da man hier im Regelfall einjährige Sorten anbaut, die bereits nach wenigen Monaten geerntet werden können. Ernteüberschüsse lassen sich durch Dörren, Einwecken oder Einfrieren konservieren, sodass zumindest eine teilweise ganzjährige Selbstversorgung möglich ist.

Bei der Auswahl des Gemüses für den Selbstversorgergarten sollte man zunächst überlegen, was man gern isst, was sich gut lagern und konservieren lässt und was sichere sowie hohe Erträge pro Quadratmeter Anbaufläche ergibt. Wer zudem Nutztiere hält, sollte gegebenenfalls auch geeignete Futterpflanzen anbauen. Mischkultur und Fruchtfolge (siehe S. 26ff.) sind weitere nötige Überlegungen. Gutes Lagergemüse sind z. B. Kartoffeln, Möhren und Zwiebeln, sehr ertragreich sind beispielsweise Buschbohnen, Tomaten, Gurken und Zucchini. Platzsparend kann man rankend wachsendes Gemüse wie Erbsen und Bohnen anbauen. Über einen langen Zeitraum hinweg geerntet werden können z. B. Spinat, Grünkohl und Pflücksalate. Außerdem gehört auch schnell wachsendes Gemüse wie Radieschen und Rucola zum Selbstversorgeranbau.

GEMÜSE ANBAUEN UND PFLEGEN

Empfehlenswert ist es, die Pflanzung so zu planen, dass das Beet im Jahreslauf gut ausgenutzt wird. Pflanzen Sie daher zunächst Frühjahrs- und anschließend Spätsommergemüse auf einem Beet. So wird z. B. im März gesäter Rettich im Mai geerntet und macht dann Platz für im selben Monat gepflanzte Tomaten. Weitere frühe Gemüsearten sind Karotten, Radieschen und Spinat, späte sind z. B. Salat und Paprika. Zudem gibt es auch typische Wintergemüsearten wie Steckrüben und Kohl. Zur Anzucht ist ein kleines Gewächshaus ideal, in dem das Gemüse vorgezogen wird. Gemüse benötigt einen lockeren, tiefgründigen, humosen Boden. Damit die Erde ausreichend nährstoffreich ist und eine gute Ernte ermöglicht, sollte man den Boden vor dem Pflanzen gut umgraben und mit Kompost anreichern. Je nach Gemüseart werden die Samen entweder einzeln in Pflanzlöcher, breitwürfig auf die Beete oder in Reihen ausgesät. Spezielle Schutznetze schützen die Samen vor Vögeln. Während der Keimzeit muss man den Boden feucht halten (Samen nicht ausschwemmen). Die Keimlinge gehen dann innerhalb weniger Tage auf. Bei feinen Samen muss man die zu dicht stehenden Keimlinge nach dem Keimen vereinzeln oder umsetzen. Schneckenschutzzäune schützen die Jungpflanzen vor Schneckenfraß. Regelmäßiges Gießen ist bei Gemüse unverzichtbar.

TIPP

» Für Selbstversorger stehen Umweltschutz durch Vermeidung langer Transportwege und gesunde, unbehandelte Nahrungsmittel im Vordergrund. Dies gilt auch für die Gartenpflege: Komposterde oder natürlich gedüngte Bio-Erde können Kunstdünger vollständig ersetzen. Mischkulturen, natürliche Fressfeinde und Pflanzenjauchen machen Spritzmittel unnötig. «

Achten Sie auf die nötigen Pflanzabstände. Überschaubarer als ein klassisches Gartenbeet sind dabei lange Pflanzreihen mit jeweils anderen, jährlich nachrückenden Gemüsekulturen.

1 Pflanzabstände

2 Regelmäßig düngen

Einige Gemüsearten profitieren von regelmäßigen Düngergaben. Hierzu verteilt man immer wieder geringe Mengen Kompost auf den Beeten, je nach Art kann noch zusätzlicher Dünger (z. B. verrotteter Mist, Steinmehl) nötig sein.

3 Sonnige Plätze

Gemüse wächst am besten in einem Beet, das täglich mindestens fünf bis sechs Stunden Sonne hat. Daher sollten Gemüsebeete auch möglichst nicht im Schatten von Bäumen, Mauern oder Sträuchern angelegt werden.

HALTBARKEIT VON SAATGUT

Verbrauchen Sie das im Frühjahr gekaufte Saatgut noch während der Saison, denn es verliert nach längerer Lagerung seine Keimfähigkeit. Haben Sie noch Saatgut vom Vorjahr übrig, hilft eine Keimprobe: etwas davon auf einem Vlies verteilen, befeuchten und mit Folie bedecken. Geht mindestens die Hälfte davon auf, ist die Aussaat noch lohnenswert.

Phaseolus vulgaris

Bohnen

Verschiedene Vorteile machen Bohnen zu einem idealen Selbstversorgergemüse: Sie lassen sich über einen langen Zeitraum hinweg ernten, sind sehr ertragreich und benötigen dabei nicht viel Platz. So können z. B. Stangenbohnen auch auf der Terrasse oder hohen Balkonen angebaut werden. Die verschiedenen Arten – z. B. Buschbohnen, Feuerbohnen, Stangenbohnen oder Puffbohnen – bieten viel Abwechslung.

Bohnen sind Schwachzehrer und gut für Mischkulturen mit anderen Gemüsearten geeignet. Der gemeinsame Anbau mit Bohnenkraut fördert beispielsweise das Wachstum und hält die schwarze Bohnenlaus fern. Lediglich mit Erbsen, Fenchel und Zwiebelgemüse kommen sie schlecht aus. Sie benötigen windgeschützte, sonnige Standorte, Feuer- und Buschbohnen kommen jedoch auch mit halbschattigen Lagen zurecht. Ideal sind lockere, sandig-lehmige, humusreiche Böden.

Da sie frostempfindlich sind, werden Bohnen erst im Mai im Freien ausgesät. Dabei setzt man jeweils drei bis fünf Saatbohnen in ein ca. 8 Zentimeter breites und ca. 3 Zentimeter tiefes Loch.

Kletternde Arten wie Stangen- und Feuerbohnen benötigen Stangen oder Schnüre zum Ranken. Der Reihenabstand bei Buschbohnen sowie der Abstand zwischen den Rankstäben bei Stangen- und Feuerbohnen beträgt ca. 40 Zentimeter. Bei Stangenbohnen sollte man vor der

STECKBRIEF

- einjährig
- Juli–Oktober
- Sonne/Halbschatten
- Mai
- gering–mittel
- Buschbohnen: 30–40 cm
  Stangenbohnen: bis 2 m
- einfrieren, trocknen

Mit zunehmender Bodentemperatur verringert sich die Keimzeit der Bohnen und die jungen Pflanzen werden widerstandsfähiger gegen Schädlinge.

1 Die richtige Bodentemperatur

Aussaat reifen Kompost in den gründlich aufgelockerten Boden mischen. Während der Wachstumsperiode kann man zudem mit Kompost düngen. Buschbohnen brauchen hingegen keinen Dünger. Die Jungpflanzen brauchen einen Schneckenschutz.

Bohnen müssen außerdem regelmäßig, aber zurückhaltend gewässert werden, um die Erde feucht zu halten. Erst bei Blühbeginn besteht ein erhöhter Wasserbedarf. Beim Gießen mit warmem Wasser gedeihen Bohnen besonders gut.

Bohnen sind schnell erntereif. So brauchen die meisten Sorten nur ca. 8–10 Wochen bis zur ersten Ernte. Die erste Ernte beginnt im Juli. Wer bis Ende Juli ein zweites Mal aussät, kann am gleichen Standort bis in den Oktober hinein ernten. Oder man nutzt sie als Nachkultur anderer Gemüsearten, z. B. von Frühkartoffeln. Häufiges Ernten junger Früchte (alle 2–3 Tage nachpflücken) begünstigt die Bildung von Neutrieben und erhöht den Ertrag.

Bohnen müssen vor dem Verzehr stets gekocht werden, denn roh sind sie giftig. Sie können aber auch getrocknet, eingefroren (davor kurz blanchieren) oder eingekocht werden.

Nach der Ernte sollten Sie die Bohnen schnell verarbeiten oder in ein feuchtes Tuch einschlagen. So sind sie im Kühlschrank noch gut zwei Tage haltbar.

3 Sofort verarbeiten

Als gute Begleiter der Stangenbohnen gelten Salat, insbesondere Endivien- und Kopfsalat, aber auch Rettich, Kohl, Spinat und Zucchini.

2 Gute Nachbarschaft

4 Nur trocken ernten

Pflücken Sie die Bohnen, indem Sie die Früchte direkt am Stiel abbrechen (nicht reißen!) oder mit einem scharfen Messer abschneiden.

Capsicum annuum

STECKBRIEF

- einjährig
- Juli–Oktober
- Sonne
- April–Mai
- mittel–hoch
- 50–100 cm
- einlegen, einkochen, trocknen, einfrieren

Chili und Paprika

Stellt man Paprika genügend Wärme und Licht zur Verfügung, wächst sie auch in unseren Breitengraden recht gut. Je nach Größe und Schärfegrad kennt man verschiedene Paprikasorten.

Vor dem Auspflanzen im Garten müssen die frostempfindlichen Paprika und Chilis an einem warmen Ort vorgezogen werden oder Sie verwenden bereits vorgezogene Jungpflanzen aus der Gärtnerei. Selbstversorger, die ihre eigenen Paprikapflanzen ziehen wollen, säen sie am besten von Februar bis April aus, die Sämlinge werden dann nach ungefähr einem Monat in Töpfe umgepflanzt. Sind die Jungpflanzen 10 Zentimeter groß, kann man sie von April bis Mai ins

1 Nachtschattengewächs

↑ Die Paprika gehört wie die Tomate zur Familie der Nachtschattengewächse.

↓ Paprikasamen benötigen zum Keimen Temperaturen von mindestens 25 Grad.

2 Keimtemperatur

Beet in humosen Boden pflanzen. Der Abstand sollte dabei ca. 50 Zentimeter betragen.
Der Wasserbedarf von Paprika ist groß. Gießen Sie die Paprikapflanzen regelmäßig, vermeiden Sie aber Staunässe. Gießen Sie die Pflanzen direkt im Wurzelbereich. Außerdem benötigen die Pflanzen eine Stütze. Hier reicht ein etwa 1 Meter langer Bambusstab. Regelmäßige Düngergaben mit organischem Dünger, lieber weniger, dafür öfter, fördern das Wachstum. Brennnesseljauche wird gut vertragen. Vorsicht, bei Überdüngung werfen die Pflanzen Blüten ab.
Beginnen die Pflanzen schließlich ab Mai zu blühen, ist es ratsam, die erste Blüte, die sogenannte Königsblüte, abzubrechen. Somit fördert man Blütenwachstum und Ernteertrag.
Die Früchte von Paprika und Chili färben sich durch die Sonneneinstrahlung von grün über gelb und orange bis zu leuchtend rot und können ab Sommer geerntet werden. Schneiden Sie die Schoten mit einem Messer ab, um eventuelle Verletzungen der Pflanze zu vermeiden. Paprika können schon grün geerntet werden, doch gelb oder rot gereift, sind sie aromatischer, so z. B. auch Chilis, die gerne als Würzmittel verwendet werden.

Die Äste der Paprikastaude können unter dem Gewicht der reifen Früchte leicht abbrechen. Seien Sie bei der Ernte daher sehr vorsichtig.

3 Vorsicht Bruchgefahr

Paprika gibt es in vielen Sorten mit ganz unterschiedlichen Geschmacksrichtungen – von mild bis äußerst scharf. Der Schärfegrad ist abhängig vom Gehalt an Capsaicin. Zu den hierzulande bekannten scharfen Sorten gehört etwa die Jalapeño.

4 Unterschiedliche Geschmacksrichtungen

Erbsen

Die Vielfalt der Erbsensorten ist geradezu ideal für den Anbau in einem Selbstversorgergarten. Pflegeleicht, gesund und schnell geerntet, sind sie eines der wichtigsten Gemüse im heimischen Anbau und können getrocknet auch hervorragend gelagert und bevorratet werden.

Bei Erbsen unterscheidet man drei Hauptsorten: Zuckererbsen, Schalenerbsen und Markerbsen. Während bei Zuckererbsen die Schale mitgegessen wird, sind bei den beiden anderen Sorten nur die Kerne essbar. Sollten Sie die Kerne gerne roh essen, sind Markerbsen für Sie die richtige Wahl. Ihre Aussaat erfolgt analog zu Bohnen. Die Rillen zur Aussaat der Erbsen sollten einen Abstand von etwa 40 Zentimetern haben. Pflanzabstand für die Kerne ist dann am besten alle 5 Zentimeter. Je nach Sorte werden die Erbsen im März oder April ins Beet gebracht (siehe Samengut-Tütchen). Es dauert etwa 3 Monate bis zur Ernte. Halten Sie die Erde stets feucht, wenn sich die ersten Früchte bilden. Um junge Pflänzchen und Schoten vor allzu hungrigen Vögeln zu schützen, können Sie ein Netz über die Pflanzen legen. Nach dem Ernten die Pflanzen aus dem Beet entfernen. Achten Sie dabei aber darauf, dass die Wurzeln im Beet verbleiben, denn dort befinden sich Knöllchenbakterien, die das Beet mit zusätzlichem Stickstoff versorgen.

1 Zuckererbsenschoten

↑ Bei regelmäßiger Ernte der jungen Zuckererbsenschoten bilden sich immer wieder neue Früchte nach.

↓ Erbsen sollten nicht mit anderen Nachtschattengewächsen gemeinsam angepflanzt werden.

2 Nachtschattengewächse meiden

Pisum sativum

STECKBRIEF

- einjährig
- Juni–August
- Sonne
- März–April
- gering–mittel
- 20–150 cm
- einfrieren, trocknen

Gurken

Ob Freiland- oder Salatgurken, damit beide Gurkenarten richtig gedeihen können, brauchen sie ein Klettergerüst. Die ersten Früchte können Sie im Juni ernten. Achten Sie darauf, dass die Gurken nicht zu dick werden, denn dann schmecken sie nicht mehr so aromatisch.

Cucumis sativus

STECKBRIEF

- einjährig
- Juni–Oktober
- Sonne
- April–Juni
- mittel–hoch
- rankend, bis 2 m
- sauer einlegen, einfrieren

Gurken benötigen für ihr Wachstum viel Wasser. Achten Sie beim Gießen darauf, dass kein Wasser auf die Blätter gelangt. Gurken bilden Ausläufer, die sich ihren Weg durch das Beet (und auch aus dem Beet heraus) suchen. Ein Rankgerüst ermöglicht das platzsparende Ableiten der Triebe nach oben. Schlangen- oder Salatgurken benötigen ähnlich wie Freilandgurken viel Platz. Hier sollten Sie nicht mehr als zwei Pflanzen pro Quadratmeter setzen. Salatgurken sind recht empfindliche Gewächse, wenn ihre Blätter Feuchtigkeit abbekommen, gehen sie kaputt. Daher sollten die Pflanzen stets unter Glas oder Folie angebaut werden. Salatgurken können Mitte Mai ins Beet gesetzt werden. Freilandgurken haben gegenüber Salatgurken den Vorteil, dass sie recht genügsam sind und nicht unter Glas gehalten werden müssen. Mehr als zwei Pflanzen pro Quadratmeter sind nicht zu empfehlen. Für Freilandgurken ist Mitte Mai die beste Pflanzzeit.

Beim Gießen sollte kein Wasser auf die Blätter gelangen.

1 Vorsichtig gießen

2 Abstand halten

Achten Sie beim Pflanzen darauf, Gurken wegen der Durchlüftung nicht zu dicht zu pflanzen. Die Pflanzen trocknen sonst nicht ab und Pilzbefall droht.

Kartoffeln

Die aus Südamerika stammende Kartoffel hat auf unserem Speisezettel einen festen Platz und gehört zu den wichtigsten Grundnahrungsmitteln. Sie lässt sich leicht im eigenen Selbstversorgergarten anbauen und eignet sich gut als erste Kultur auf urbar gemachten Flächen.

Kartoffeln bevorzugen sandigen und lockeren Lehmboden, einen sonnigen Standort und sollten immer von Unkraut befreit werden. Die Saatkartoffeln sollten gut vorgekeimt sein, um eine frühe Ernte zu begünstigen. Hierfür werden die Kartoffeln ungefähr vier Wochen vor dem Auspflanzen in flache Kisten ausgelegt und dem Licht ausgesetzt. Die vorgekeimten Saatkartoffeln pflanzt man dann zwischen Mitte April und Anfang Mai in vorbereitete Furchen. Der Abstand sollte dabei ca. 30 Zentimeter betragen. Die Saatkartoffeln werden dann mit ca. 5 Zentimetern Erde bedeckt. Wiederholen Sie das Anhäufeln mit Erde während der Kulturzeit, damit die Knollen nicht dem Licht ausgesetzt werden. Nach der Blüte benötigen Kartoffeln zusätzliche Bewässerung für die Knollenbildung, ansonsten ist Gießen nicht nötig. Frühkartoffeln sind dann ab Juni erntereif, mittelfrühe Sorten erntet man ab August und späte Kartoffeln ab Ende September.

Kartoffeln freuen sich, wenn Sie vor dem Pflanzen eine dünne Schicht Kompost in die Pflanzgrube geben und die Knollen etwas damit bedecken.

1 Mit Kompost düngen

2 Anhäufeln

Je häufiger Sie die Kartoffelpflanzen anhäufeln, desto mehr Tochterknollen bilden sie aus.

Solanum tuberosum

STECKBRIEF

- einjährig
- Juni–September
- Sonne
- April–Mai
- mittel
- 20 cm
- trocken und kühl einlagern

Brassica oleracea

Kohl

Kohlgemüse eignet sich hervorragend für den Selbstversorgeranbau, da die verschiedenen Arten und Sorten über einen langen Zeitraum hinweg frisch genossen und gut konserviert werden können. Als typisches Wintergemüse füllt Kohl die Erntelücke in der kalten Jahreszeit.

Kohlgemüse benötigt einen sonnigen Standort und einen nährstoffreichen, tiefgründigen Boden. Vor dem Anpflanzen sollte man den Boden gründlich lockern. Ein pH-Wert von 5,5–6,8 ist optimal. Bei zu sandigen und zu lehmhaltigen Böden sollten entsprechende Bodenverbesserungsmaßnahmen ergriffen und vor der Bepflanzung reichlich Kompost in den Boden eingearbeitet werden. Je nach Art und Sorte erfolgt die Aussaat direkt ins Freiland oder man zieht die Pflanzen in Anzuchtgefäßen vor und setzt sie danach ins Beet. Es gibt frühe, mittlere und späte Sorten, wobei die Frühsorten gleich nach der Ernte Platz für die Spätsorten machen. Am verbreitetsten ist dies bei Weißkohl, Wirsing, Kohlrabi und Brokkoli. Bei den meisten Kohlarten beginnt man im April mit der Freilandaussaat. Vier bis sechs Wochen später werden die Jungpflanzen auf gut gedüngten Beeten vereinzelt. Möchte man früher aussäen und ernten, kann man die Setzlinge von Frühsorten bereits

STECKBRIEF

- einjährig
- ab Juni
- Sonne/ Halbschatten
- je nach Sorte ab Februar
- mittel–hoch
- 30–60 cm
- trocken und kühl einlagern, sauer einlegen (Weißkraut, Blumenkohl), einfrieren (Brokkoli)

Die meisten Kohlarten sind sehr ausladend und benötigen viel Platz, in kleinen Gärten gedeihen aber auch Brokkoli, Chinakohl und Kohlrabi.

1 Kohl braucht Platz

von Februar bis März bei 15–18 Grad in der Wohnung oder unter Glas vorziehen. Die Pflanzen kommen dann ab März ins Frühbeet oder ab April in den Küchengarten. Vor allem während der Wachstumsphase sollte man mulchen und Kohlgemüse reichlich und regelmäßig wässern, sodass der Boden stets leicht feucht ist. Auch sollte man regelmäßig düngen, am besten alle drei bis vier Wochen mit Brennnesseljauche. Weißkohl, Rotkohl und Wirsing erntet man von Juni (Frühsorten) bis November (Spätsorten), Chinakohl von August bis Dezember, Brokkoli von Juni bis Oktober (Winterbrokkoli März/April), Grünkohl von Oktober bis Februar, Rosenkohl von Oktober bis Dezember und Blumenkohl vom Frühjahr bis zum späten Herbst. Beachten Sie die Fruchtfolge! Da alle Kohlsorten Starkzehrer sind, dürfen sie nie in aufeinanderfolgenden Jahren am selben Standort gepflanzt werden. Erst nach Mittelzehrern, Schwachzehrern und eventuell einer Gründüngung kommen sie wieder ins Beet. Kohl kann sowohl roh als auch gekocht gegessen werden und lässt sich gut lagern. Blumenkohl kann man zudem einlegen und ebenso wie Rosenkohl und Brokkoli einfrieren, während man Weißkohl zu Sauerkraut verarbeiten kann. Zudem kann Kohl als Kaninchenfutter verwendet werden und Kohlblätter ergeben ein gutes Mulchmaterial.

Zu starkes Düngen ist zu vermeiden, da hierdurch die Haltbarkeit im Winterlager leidet.

2 Wenig düngen

Setzlinge vieler Sorten wie beispielsweise des Kohlrabis kann man von März bis Mai kaufen.

3 Setzlinge kaufen

4 Kulturzeiten

Vor allem im Selbstversorgergarten pflanzt man gern Sorten mit unterschiedlichen Kulturzeiten gleichzeitig, um über eine lange Zeit hinweg ernten zu können.

Kürbis

Der einjährige Kürbis mit liegenden oder rankenden Trieben erfreut sich immer größerer Beliebtheit. Allgemein unterscheidet man zwischen Sommerkürbissen, die schon ab August geerntet werden könnenn und Winterkürbissen, die ab Oktober im Kochtopf landen.

Kürbisse lieben windgeschützte und sonnige Standorte und brauchen viele Nährstoffe. Idealerweise pflanzt man sie nah an einen Komposthaufen. Ab Mai kann die Aussaat in einen lockeren, nicht zu feuchten Boden beginnen. Auch Jungpflanzen werden zu diesem Zeitpunkt gepflanzt. Arbeiten Sie vor dem Aussäen noch Kompost in die Erde ein und achten Sie auf genügend Abstand zwischen den einzelnen Pflanzen, da sich diese sehr stark ausbreiten. Sobald sich die Früchte bilden, sollte die Kürbispflanze aufgrund des erhöhten Wasserbedarfs regelmäßig gegossen werden. Auch an sehr heißen Tagen sollten Sie für ausreichend Feuchtigkeit sorgen. Ab August lassen sich die ersten Sommerkürbisse ernten. Die Frucht ist reif, wenn sie beim Klopfen hohl klingt. Bei der Ernte sollten Sie den Kürbis mitsamt Stielansatz entfernen. Arbeiten Sie dabei vorsichtig, denn die Pflanze ist sehr empfindlich, was Stöße und Quetschungen betrifft.

Form, Größe und Farbe der Frucht variieren je nach Sorte. Der Bestäubung kann man leicht per Hand nachhelfen.

1 Sortenvielfalt

2 Richtig lagern

Nach der Ernte können Sie den Kürbis in einem trockenen Keller bis ins Frühjahr lagern.

Cucurbita

STECKBRIEF

- *einjährig*
- *August–November*
- *Sonne*
- *April–Mai*
- *gering–mittel*
- *rankend, bis 3 m*
- *süßsauer einlegen, einlagern*

Raphanus sativus

Rettich & Co.

Rettiche sind beliebte Selbstversorgergemüse. So lassen sich z. B. Winterrettiche in feuchtem Sand im Keller vier bis sechs Monate lagern. Radieschen werden hingegen vor allem wegen ihrer kurzen Kulturzeit angebaut. Rettiche und Radieschen bevorzugen lockere, humus- und nährstoffreiche Böden.

STECKBRIEF

- *einjährig*
- *Rettich: Juni–August Radieschen: April–Oktober*
- *Sonne*
- *März–Sep., Radieschen bis August*
- *mittel*
- *Rettich: 20–60 cm Radieschen: 10 cm*
- *einlagern in Sand (Winterrettich)*

Rettiche werden von März (Sommersorten) bis September (Herbst-/Wintersorten) ca. 2 Zentimeter tief im Beet ausgesät. Nach dem Aufgehen vereinzelt man zu dicht stehende Pflanzen auf einen Abstand von 10–25 Zentimeter. Frühsorten kann man, unter einem Folientunnel oder Vlies kultiviert, bereits ab Juni ernten. Winterrettiche sind ab Ende Oktober/Anfang November erntereif. Die Frühjahrs- und Sommersorten von Radieschen sät man von März bis August mit einem Reihenabstand von 10 Zentimetern maximal 1 Zentimeter tief ins Beet. Man vereinzelt zu dicht stehende Pflanzen nach dem Aufgehen auf 5–10 Zentimeter. Die Erntezeit reicht von April bis Oktober. Unter einem Folientunnel oder Vlies kann man sie schon ca. sechs Wochen nach der Aussaat ernten, im Sommer vier Wochen nach der Aussaat. Bei der Pflege sollte man bei beiden Arten stets durch Gießen für eine gleichmäßige Bodenfeuchte sorgen.

Rettiche und Radieschen vertragen keinen frischen organischen Dünger wie Frischkompost oder Mist. Besser ist es, wenn reifer Kompost bereits vor Aussaat bei der Bodenvorbereitung eingearbeitet wird. Rettich und Radieschen gehören zur Familie der Kreuzblütler. Daher sind sie weitläufig mit den Kohlgewächsen verwandt und sollten nicht mit diesen zusammen angebaut werden. Rettiche und andere Kreuzblütler sollten nur alle drei Jahre auf demselben Boden gezogen werden. Gegen Schädlinge helfen Schutzmaßnahmen. Erdflöhe kann man durch regelmäßiges Hacken vertreiben. Gegen Rettichfliegen hilft ein über dem Beet ausgebreitetes Kulturschutznetz.

Radieschen können platzsparend zwischen anderen Gemüsesorten angebaut werden, sind einfach zu ziehen und daher auch für Anfänger sowie als Vor-, Zwischen- und Nachkultur gut geeignet.

Radieschen pflanzen

Rüben

Rüben wie Möhren, Pastinaken, Wurzelpetersilie, Rote Bete und Co. sind im Selbstversorgergarten beliebt wegen ihres einfachen Anbaus, ihrer Winterhärte und ihrer guten Lagerfähigkeit. So lassen sie sich über mehrere Monate hinweg in einer Erdmiete oder im Keller in einer Sandkiste lagern.

Rüben benötigen ein sonniges oder halbschattiges Beet und einen tiefgründigen, humosen, nährstoffreichen Boden, der frei von Staunässe ist. Vor dem Pflanzen sollte man den Boden unbedingt gut lockern und von Steinen und Erdklumpen befreien. Möhren sät man ab Ende Februar unter Vlies oder von März bis Juni im Freiland in einem Reihenabstand von 15 Zentimetern 1–2,5 Zentimeter tief. Nach ca. drei Wochen, wenn die Samen keimen, werden sie auf ca. 5 Zentimeter vereinzelt. Geerntet werden sie von Juli (Frühsorten) bis September. Rote Bete sät man im April/Mai mit Reihenabständen von 25 Zentimetern in 2–3 Zentimeter Tiefe in einem mit Kompost versetzten Beet ins Freiland. Nach dem Keimen werden die Pflänzchen auf 7–9 Zentimeter Abstand vereinzelt. Geerntet wird drei bis vier Monate nach der Aussaat. Bei einem Anbau ab Juni kann man die Rote Bete im Herbst als Lagergemüse ernten. Wurzelpetersilie sät man von März bis April ins Freiland. Der Rei-

Am bekanntesten ist die orange Möhre, aber der Handel bietet auch wieder historische Sorten in Violett, Rot oder Gelb an.

1 Bunte Sortenvielfalt

2 Rote Bete

Die vitaminreichen roten Knollen lieben einen vollsonnigen Standort und humosen Boden. Ideale Nachbarn sind Kräuter wie Bohnenkraut und Dill.

Beta vulgaris Pastinaca sativa et al.

STECKBRIEF

- einjährig
- Möhren: Juni–Oktober Rote Bete: August–November
- Sonne
- Februar–Juni, Pastinaken bis April
- gering–mittel
- 30–80 cm,
- in Sandkisten einlagern, einfrieren, einlegen

henabstand beträgt hier 30 Zentimeter, die Pflanzen werden nach der Keimung auf 7–10 Zentimeter vereinzelt. Ernten kann man sie im Oktober. Pastinaken werden 1 Zentimeter tief mit einem Reihenabstand von 30–40 Zentimetern im März ins Freiland ausgesät, nach dem Auflaufen auf 10–20 Zentimeter vereinzelt und ab Oktober geerntet. Steckrüben sät man zwischen Juni und Juli 0,5–1 Zentimeter tief mit einem Reihenabstand von 40–50 Zentimetern ins Freiland aus. Nach dem Auflaufen werden die Pflanzen auf 40 Zentimeter vereinzelt. Ernten sollte man frühestens ab Ende September bis spätestens Ende November. Speiserübe sät man von Mitte März bis Anfang August ins Freiland. Der Reihenabstand beträgt 25–50 Zentimeter (Herbstrüben) bzw. 20 Zentimeter (Mairüben). Nach dem Auflaufen werden die Herbstrüben auf 20–30 Zentimeter, die Mairüben auf 10–15 Zentimeter vereinzelt. Ernten kann man dann je nach Sorte Anfang Juni bis Mitte November. Wichtig ist bei allen Arten das regelmäßige reichliche Gießen, sodass der Boden immer gut feucht ist, sowie gegebenenfalls eine regelmäßige Bodenlockerung.

Da Pastinaken Frost vertragen, kann das Wurzelgemüse lange im Boden bleiben und so bis in den Winter frisch geerntet werden.

3 Nicht frostempfindlich

Die Blätter der Roten Bete sind, ebenso wie die Knollen, wahre Gesundbrunnen. Das vitamin- und mineralstoffreiche Gemüse lässt sich gekocht sehr vielfältig zubereiten – etwa gedünstet mit etwas Olivenöl und Butter oder zusammen mit Tomaten angerichtet.

4 Zu schade für den Kompost

Salat

Kopfsalat, Feldsalat, Endivie, Radicchio oder Eisbergsalat, bei seiner riesigen Sortenvielfalt ist fast zu jeder Jahreszeit Erntezeit. Salat ist ein Schwachzehrer. Selbstversorger können den Salat selber aussäen oder Pflänzchen kaufen und diese dann in das Beet setzen. Je Quadratmeter lassen sich etwa 20 Salatpflanzen ziehen.

Lactuca sativa

Mit der Pflanzung kann man ab Mitte April beginnen, dann sollten die jungen Pflänzchen mit Vlies oder Folie geschützt werden. Der Boden sollte immer schön feucht sein und vermeiden Sie beim Gießen eine „Kopfdusche". Bei Radicchio sind allerdings für unser vergleichsweise kühles Klima nur robuste Sorten geeignet. Die Sorte, die für das Wachstum bei uns gezüchtet wurde, ist der Radicchio rosso di Chiogga. Nachdem Sie eine robuste Sorte ausgesucht haben, macht Ihnen der Radicchio keine große Mühe mehr. Sie können die Pflanzen im Juli oder August setzen. Auch hier ist es wieder wichtig, sie regelmäßig zu gießen. Dabei sollten Sie darauf achten, nicht von oben zu gießen, weil die Blätter sonst faulen könnten. Ernten können Sie den Radicchio im Oktober. Sollte das Wetter bereits vorher nasskalt und ungemütlich werden, decken Sie die Pflanzen mit einer Folie ab. Leichter Frost macht den Pflanzen wenig aus, sodass Sie bis in den November hinein ernten können.

Salate gibt es in einer Vielzahl von unterschiedlichen Sorten – als Pflücksalat oder als Kopf, von mild-aromatisch bis bitter-herb. Für jeden Geschmack etwas.

Reiche Sortenvielfalt

STECKBRIEF

- einjährig
- Mai–November
- Sonne/Halbschatten
- März–August
- gering–mittel
- 15–20 cm
- –

Apium graveolens

Sellerie

Sellerie ist für Selbstversorger vielfältig verwendbar, Suppen, Salate und zahlreiche Gerichte profitieren von seinem würzigen Geschmack. Es gibt ihn in Form von Knollen- und Staudensellerie. Beide Varianten sind gesund und vor allem im Anbau völlig unkompliziert.

Auf einer Fläche von einem Quadratmeter können ca. neun Pflänzchen Staudensellerie angebaut werden. Weil Sellerie kälteempfindlich ist, sollten die Pflänzchen erst Mitte Mai ins Beet kommen. Gerade Jungpflanzen sollten dann immer feucht gehalten werden. Sind die Pflanzen größer, beschatten ihre Blätter die Erde, sodass der Boden nicht mehr so schnell austrocknet. Ernten können Sie ab Mitte Juli.

Knollensellerie setzt man am besten mit einem Abstand von etwa 15 Zentimetern vom Rand des Beetes. Dann können Sie alle 15 Zentimeter eine Pflanze setzen. Da die jungen Pflänzchen ebenfalls recht frostempfindlich sind, sollten sie erst nach den „Eisheiligen" Mitte Mai ins Freie gesetzt werden. Sie sollten vor allem die jungen Pflanzen sorgfältig gießen. Achten Sie darauf, dass der Boden um die Pflanzen immer entsprechend gelockert ist. Die ersten Knollen können Sie dann im September ernten. Die Erntezeit dauert bis in den November hinein.

Wenn Sie Sellerie selbst ziehen möchten, sollten Sie die Samen ab Anfang März an einem warmen Ort vorkultivieren. Die jungen Pflänzchen dürfen erst Mitte Mai ins Freie.

Sellerie selbst ziehen

STECKBRIEF

- einjährig
- Juli–November
- Sonne
- März–August
- gering
- 20–30 cm
- einfrieren, einlagern, sauer einlegen (Knollensellerie)

Tomaten

Ein Klassiker im Selbstversorgergarten sind Tomaten. Dies ist auch nicht verwunderlich, bedenkt man ihre Sortenvielfalt von der kleinen Kirschtomate bis zur großen Ochsenherztomate und die vielfältigen Verwendungsmöglichkeiten von Tomaten in der Küche. Als Soße lässt sie sich auch hervorragend lagern.

Da Tomaten sehr kälteempfindlich sind, sollten sie nicht vor Mitte Mai gesetzt werden. Und erfahrene Selbstversorger werden es wissen, Tomaten sind im Anbau keine ganz anspruchslosen Pflanzen. Wenn man aber einige grundsätzliche Regeln beachtet und sie richtig behandelt, bereiten sie viel Freude und ermöglichen eine reichhaltige, schmackhafte Tomatenernte.

Einige Fehler verzeihen Ihnen Tomaten jedoch nicht so schnell: Tomaten mögen keine Nässe von oben, sie lieben es, überdacht großgezogen zu werden. Wenn Sie auf eine Überdachung verzichten, ist die Gefahr noch größer, dass sie an der weit verbreiteten Braun- oder Blattfäule erkranken. Diese Pilzkrankheit wird mit Regen- oder Gießwasser vom Boden auf die Blätter der Pflanze übertragen und führt meist von unten nach oben zu braunen Flecken auf den Blättern und einem schnellen Vertrocknen des Blattwerkes sowie auch der Tomatenfrüchte kurz vor der Ernte-

Nachdem sich die ersten Blätter gebildet haben, werden die Pflanzen in Töpfe vereinzelt, sodass sie sich gut weiterentwickeln können.

1 Umtopfen und pikieren

2 Ins Freie pflanzen

Ab Mitte Mai können Sie die jungen Tomaten ins Freie pflanzen. Damit die Blätter durchlüftet werden, am besten in Abständen von ca. 60 Zentimetern.

Solanum lycopersicum

STECKBRIEF

- einjährig
- Juli–Oktober
- Sonne
- März–April
- hoch
- 50–150 cm
- einkochen, sauer einlegen, einfrieren, trocknen, entsaften

zeit. Spendieren Sie den Pflanzen also unbedingt ein Dach über dem Kopf – beispielsweise ein Tomatenhaus mit einer Abdeckung aus Folie. Um der Krankheit vorzubeugen, sollte ein entsprechender jährlicher Fruchtwechsel eingehalten und im Herbst sollten Pflanzenreste akribisch von den Beeten entfernt werden. Darüber hinaus sollte bei der Pflanzung auf einen entsprechend luftigen Abstand geachtet werden. Das Entfernen der unteren Blätter bis zum ersten Fruchtansatz sowie kranker Blätter fördert die Luftzirkulation. Auch ein regelmäßiges Ausgeizen der Pflanzen (das Entfernen der Blatttriebe in den Achseln) ist hierzu ratsam. Mulchen mit spezieller Folie oder Stroh verhindert Spritzwasser vom Boden. Tomaten und Kartoffeln am besten nicht gemeinsam anpflanzen. Tomaten sollten, wenn sie größer werden, immer angebunden werden, stecken Sie also schon beim Setzen die entsprechenden Stäbe mit ins Beet, so werden später die Wurzeln nicht beschädigt. Um einen guten Ertrag zu sichern, sollten Sie während des Wachstums regelmäßig die kleinen Triebe entfernen (ausgeizen). Wenn Sie die Pflanzen immer gut feucht halten (dabei am besten die Beete fluten und nicht von oben gießen), können Sie ab Ende Juli die ersten Früchte ernten.

Damit die Tomaten nicht umknicken, sollten Sie die Pflanzen an Tomatenstäben hochbinden.

4 Für Stabilität sorgen

Sind die Pflanzen von Kraut- und Braunfäule befallen, dürfen sie nicht auf dem Kompost entsorgt werden.

3 Pilzbefall

5 Tomatenvielfalt

Tomaten lassen sich unterschiedlich einteilen – nach Form, Größe, Farbe, Wuchstyp (z. B. Buschtomate) und Reifetyp (z. B. früh- oder spätreifend).

Cucurbita pepo

Zucchini

Die Anzucht und die Pflege von Zucchini bereiten selbst Selbstversorgeranfängern keine Probleme. Zucchini zählen zu den Starkzehrern und sollten im ersten Jahr der Fruchtfolge angepflanzt werden. Sie sind sehr wärmeliebend und bevorzugen sonnige Standorte.

STECKBRIEF

- einjährig
- August–Oktober
- Sonne/Halbschatten
- April–Juni
- hoch
- 40–150 cm
- einlegen, einfrieren

Man kann entweder vorgezogene Pflanzen kaufen oder sie ab Mitte April aus Samen selbst ziehen – entweder auf der Fensterbank oder direkt im Beet. Ab Mitte Mai werden die vorgezogenen oder gekauften Pflänzchen gepflanzt. Da Zucchini einen großen Platzbedarf haben sowie eine gute Nährstoffversorgung und ausreichend Wärme benötigen, sollten Sie nicht zu viele Pflanzen, nur ein bis zwei Pflanzen, in einem Beet ansiedeln. Beachten Sie, ringsherum ausreichend Platz zu lassen. Gute Nachbarn sind z. B. Stangenbohnen und Zwiebeln. Zucchini benötigen kaum Pflege. Wichtig ist nur eine ausreichende Wasserversorgung – am besten nicht zu kaltes Regenwasser. Gießen Sie nicht direkt auf die Blätter, um Pilzbefall zu vermeiden. Gegen eine allzu schnelle Wasserverdunstung und Fäulnis hilft eine Mulchschicht. Nach nur sechs bis acht Wochen steht die erste Ernte an. Lassen Sie die Früchte nicht zu groß werden. Eine regelmäßige Ernte steigert den Ertrag.

Je häufiger Sie die Zucchini abernten, desto kräftiger setzt die Pflanze neue Blüten an. Zudem verholzen die Schalen, je länger die Früchte am Strauch bleiben.

Regelmäßig ernten

Zuckermais

Der hochwachsende Mais eignet sich im Selbstversorgergarten als Sicht- oder Windschutz, kann aber auch auf Terrassen und Balkonen in Kübeln angebaut werden. Maiskolben und -körner lassen sich gut einfrieren, Körner kann man auch einlegen. Außerdem ergibt Mais ein gutes Grünfutter für Hühner.

Zea mays

Setzen Sie Mais nicht zu eng, da die Pflanze ausreichend Platz benötigt, um sich gut zu entwickeln.

1 Nicht zu eng

Mais benötigt einen sonnigen Standort und nährstoffreiche, lehmige bis humose Böden, die frei von Staunässe sind. Bei der Beetvorbereitung im Herbst kann man ca. 3 Liter pro Quadratmeter Kompost locker in den Boden einarbeiten. Empfehlenswert ist es, die Saatkörner ca. 10 Stunden in lauwarmem Wasser vorquellen zu lassen. Mais wird entweder in kühleren Lagen ab März/April in Töpfen auf dem Fensterbrett vorgezogen und Anfang Mai, wenn die Nachtfröste vorbei sind, ins Freiland ausgepflanzt oder in wärmeren Gegenden im Mai direkt ausgesät. Der Reihenabstand beträgt 70 Zentimeter, alle 10 Zentimeter wird ein Samenkorn mit der Spitze nach unten ca. 2 Zentimeter tief ausgesät. Sind die Keimlinge 3–5 Zentimeter groß, kann man sie auf 40 Zentimeter Abstand vereinzeln (am besten blockweise setzen). Mais muss regelmäßig, aber immer sparsam gegossen werden, an heißen Tagen mehrmals täglich. Eine Mulchschicht aus Stroh oder Grasschnitt zwischen den Pflanzen speichert die Feuchtigkeit im Boden. Während des Wachstums kann eine Düngung mit Brennnesseljauche oder Hornspänen unterstützend wirken.

2 Erntezeit

Ernten kann man Mais von Ende Juli bis September, wenn die Körner gelb, aber noch weich sind.

STECKBRIEF

- einjährig
- Juli–September
- Sonne
- März–April
- gering–mittel
- 1–3 m
- einlegen, einfrieren

Allium

Zwiebeln und Lauch

Zwiebeln zählen zu den Lauchgewächsen und kommen in verschiedenen Unterarten vor, z. B. Küchenzwiebeln. Sie sind einfach anzubauen und zu lagern (z. B. getrocknet als Zwiebelzopf).

Küchenzwiebeln kann man im Frühjahr direkt in Reihen säen bzw. ab Februar vorziehen und auspflanzen. Am einfachsten werden sie durch Setzen von Steckzwiebeln angebaut. Diese steckt man ab März/April in Reihenabständen von 30–40 Zentimetern 3–4 Zentimeter tief in die Erde, wobei die Zwiebeln einen Abstand von 5–10 Zentimetern haben sollten. Geerntet wird dann im Juli. Frühlingszwiebeln können ähnlich wie Küchenzwiebeln im Februar unter Glas vorgezogen und im März/April ins Freiland gepflanzt werden oder man sät sie für die Ernte im Mai des Folgejahrs im August mit einem Reihenabstand von 15–20 Zentimetern und einem Abstand zwischen den Pflanzen von 5–10 Zentimetern 1 Zentimeter tief ins Beet. Beim verwandten Lauch unterscheidet man Früh- und Spätsorten: Sommerlauch wird ab Januar im Gewächshaus ausgesät und ab Ende März ins Freiland ausgepflanzt, Herbstlauch kann man Anfang April direkt ins Beet säen, Winterlauch Ende Juli bis Anfang August.

STECKBRIEF

- *einjährig*
- *Juli–Oktober, Lauch bis November*
- *Sonne*
- *Februar–April*
- *gering–mittel*
- *Zwiebel: bis 40 cm Lauch: 60-80 cm*
- *einlagern (Lauch in Sand, Zwiebel aufhängen)*

Zwiebeln mögen einen sonnigen, trockenen Standort und bevorzugen einen lockeren, tiefgründigen, durchlässigen Boden.

1 Sonnig und trocken

2 Boden lockern

Nach der Pflanzung sollte man den Boden durch Hacken gut lockern, damit die Feuchtigkeit erhalten bleibt. Auch Unkrautjäten ist wichtig.

Obst und Beeren

Obst- und Beerensorten für Ihren Selbstversorgergarten sollten Sie je nach Platzangebot in Ihrem Garten auswählen. So benötigen z. B. Beerensträucher weniger Platz als Obstbäume, und Pflanzen mit einem schlingenden oder kletternden Wuchs wie Brombeeren und Tafeltrauben finden auch an geschützten Wänden, Mauern oder Spalieren Platz.

TIPP

» Pflanzen Sie Obstgehölze genauso tief wie in der Gärtnerei oder Baumschule. Anhaltspunkte für die richtige Pflanztiefe gibt der Wurzelhals am Übergang von Wurzeln zu Stamm bzw. Geäst. Achten Sie bei veredelten Obstgehölzen darauf, dass sich die (deutlich verdickte) Veredlungsstelle über dem Boden befindet. «

Obstgehölze erhalten Sie in gut sortierten Gartencentern, in Baumschulen und über den Versandweg. Vermeiden Sie Monokulturen, beachten Sie aber, dass selbstunfruchtbare Arten passende Befruchtersorten in der Umgebung benötigen. Achten Sie beim Kauf auch auf die Unterlage, denn sie bestimmt, wie groß ein Gehölz später wächst.

OBSTGEHÖLZE PFLANZEN UND SCHNEIDEN

Obstgehölze mit Topfballen können jederzeit (außer bei Bodenfrost) gepflanzt werden und benötigen keinen Pflanzschnitt. Wurzelnackte Pflanzen hingegen werden im Frühjahr und Herbst gepflanzt. Beim Pflanzschnitt kürzt man zu lange Wurzeln ein und schneidet die Triebe stark zurück, damit die Pflanzen gut anwachsen. Große Gehölze erhalten zudem eine Stütze durch stabile Pfähle (Ballen dabei nicht beschädigen!), an denen sie straff angebunden werden. Ein Erziehungsschnitt in den ersten Jahren legt bei Obstbäumen die Kronenform fest. Am weitesten verbreitet ist die Pyramidenform mit einem senkrechten Mitteltrieb und einigen möglichst waagerechten Seitentrieben. Später schneidet man jährlich (Winterschnitt an frostfreien Tagen im Februar/März oder Sommerschnitt nach der Ernte), um das Gehölz gesund zu erhalten und die Fruchtbildung anzuregen. Hierbei entfernt man z. B. sich überkreuzende, nach innen, zu dicht und zu steil wachsende, abgestorbene oder kranke Triebe und Äste sowie Konkurrenztriebe zum Mitteltrieb jeweils am Astring. Bei Veredlungen entfernt man zudem Wildtriebe unterhalb der Veredlungsstelle.

OBSTGEHÖLZE PFLEGEN

Obstgehölze sind weitaus weniger als Gemüse auf die Versorgung mit Wasser und Nährstoffen durch den Gärtner angewiesen. Dennoch sollten Sie die Böden stets frei von Unkraut halten. Nach der Pflanzung führt man ausreichend Wasser zu und düngt leicht mit Kompost oder anderen organischen Düngern. Auch später noch kann im Wurzelbereich eingerechter Kompost die Vitalität der Pflanzen verbessern. Gewässert wird je nach Bedarf mehr oder weniger regelmäßig, vor allem jedoch bei Trockenheit. Prüfen Sie den Nährstoffgehalt des Bodens alle paar Jahre und sorgen Sie je nach Bedarf ein- bis zweimal jährlich für frische Komposterde.

Prüfen Sie Ihre Beerensträucher auch im Laufe des Jahres regelmäßig auf Krankheit oder Schädlingsbefall. Bei Bedarf schneiden Sie kranke Triebspitzen bis ins gesunde Holz zurück.

1 Kranke Triebe

SCHNITT VON BEERENOBST: *Da Beerensträucher meist an dies- oder einjährigen Trieben tragen, ist ein regelmäßiger Schnitt zur Fruchtholzerneuerung nötig. Zudem lichtet man gelegentlich zu eng stehende Zweige am Boden aus oder schneidet sie auf einen nach außen gerichteten Seitentrieb zurück.*

3 Himbeeren schneiden

Abgeerntete Triebe Ihrer Himbeersträucher schneiden Sie möglichst bodennah ab. Der Strauch treibt dann aus den Wurzeln neu aus.

Kombinieren Sie früh- und spätreifende Arten und Sorten und überlegen Sie, was sich jeweils frisch verzehren, einlagern und konservieren lässt. So kommen Sie das ganze Jahr über in den Genuss Ihrer Früchte.

2 Lange Erntezeit

4 Winterschutz

Bei kälteempfindlichen Pflanzen (z. B. Pfirsichen) ist auf einen ausreichenden Frostschutz zu achten. Der Fachhandel bietet hierfür beispielsweise atmungsaktives Material aus Jute an.

Malus domestica

STECKBRIEF

- Kernobst
- Juli–November
- 2–10 m
- 3–10 m
- Februar–März
- März–Mai
- einlagern, einkochen, entsaften, trocknen

Äpfel

Die Kernobstgehölze, die es in über 1000 teils historischen Sorten gibt, bringen bei richtigem Standort, Schnitt und geeigneter Pflege eine reiche Ernte hervor. Sie eignen sich nicht nur für den Frischverzehr, sondern auch zur Herstellung von Dörrobst, Gelee, Kompott, Mus oder Wein.

Apfelbäume mögen einen humusreichen, ausreichend feuchten Boden und Sonne, kommen aber auch an weniger günstigen Plätzen in Nordlage zurecht. Da sie selbstunfruchtbar sind, benötigen sie mindestens eine zweite gleichzeitig blühende Apfelsorte in der Nähe. Die Erntezeit reicht bei Frühsorten von Juli bis August, bei späten Sorten von September bis November. In einem kühlen Winterlager halten sich die Früchte von Spätsorten bis zum Frühjahr frisch.

1 Erziehungsschnitt

In den ersten Jahren sorgen Sie durch den Erziehungsschnitt dafür, dass Ihr Apfelbaum eine schön verzweigte, gleichmäßige Krone ausbildet.

Seitentriebe, die zu steil nach oben wachsen, können Sie mit leichten Gewichten waagerecht nach unten binden.

2 Seitentriebe herunterbinden

Zu stark beschnittene Obstbäume bilden im Folgejahr übermäßig viele Wassertriebe aus.

3 Wassertriebe vermeiden

Bei der Pflanzung im Herbst vermischt man die Aushuberde mit Kompost und gelagertem Stallmist und verteilt die Mischung rund um die Baumwurzel. Diese anfängliche Düngung reicht dann im Regelfall die ersten zwei bis drei Jahre aus. Die ersten zwei bis drei Jahre sollte außerdem die Baumscheibe (Kreisfläche am Boden in Kronengröße) mit getrocknetem Rasenschnitt gemulcht werden, um konkurrierende Pflanzen fernzuhalten.

In den ersten fünf Jahren nach der Pflanzung dient der jährliche Schnitt dem Aufbau einer kräftigen Baumkrone. In der Folgezeit werden die Gerüstäste beim jährlichen, je nach Bedarf erfolgenden Erhaltungsschnitt lediglich zur Spitze hin verschlankt. Man entfernt kranke, abgestorbene, über Kreuz und nach innen wachsende oder zu dicht stehende Äste. Ältere, herabhängende Fruchttriebe werden auf weiter innen stehende, flach nach außen wachsende Jungtriebe umgeleitet. Ein Rückschnitt ins mehrjährige Holz ist alle zehn Jahre auch bei regelmäßig geschnittenen Bäumen empfehlenswert.

Apfelbäume brauchen konstante Feuchtigkeit (aber keine Staunässe), vor allem im Sommer. Hier hilft eine Fingerprobe, um zu bestimmen, ob wöchentlich oder täglich gegossen werden muss. In diesem Fall sind pro Quadratmeter Fläche bis zu 30 Liter Wasser nötig. Je nach Sorte und Standort können ältere Bäume einen erhöhten Nährstoffbedarf haben. In diesem Fall verteilen Sie im Frühjahr ca. 4 Liter frischen Kompost auf der Baumscheibe.

Größere Schnittstellen schützen Sie mit Baumwachs aus dem Fachhandel vor Krankheitsbefall.

4 Baumwachs

5 Äpfel dörren

Ihre Apfelernte können Sie entweder einlagern, zu Saft verarbeiten oder im Backofen dörren.

Birnen

Dieses Kernobst, das weltweit in ungefähr 5000 Sorten verbreitet ist, eignet sich z. B. zum Einmachen, aber auch für Dörrobst, Kompott, Saft, Sirup oder Obstbrand, Wein oder Likör. Je nach Sorte reifen Birnen zwischen Juli und Oktober. Ratsam ist es, mehrere Sorten zu pflanzen, die sich gegenseitig bestäuben.

Im Garten benötigen Birnen einen sonnigen, windgeschützten Standort und einen tiefgründigen, durchlässigen Boden. Der Boden muss vor der Pflanzung tiefgründig gelockert werden. Dabei verbessert man die Erde im Pflanzloch mit reifem Kompost. Diese Düngung reicht für die ersten Jahre aus. Nach der Pflanzung bedeckt man die Baumscheibe die ersten Jahre über mit kompostierter Rinde, um die Erde feucht zu halten. Vor allem junge Bäume kann man außerdem im Herbst mit einem Weißanstrich vor durch die Wintersonne verursachten Rindenschäden schützen. Zur Nährstoffversorgung harkt man jährlich im Frühjahr reifen Kompost leicht in den Boden ein. Im Frühjahr auf der Baumscheibe ausgesäter Spinat oder Senf kann als Gründüngung dienen. Bei Hitze sollten Sie die Bäume auch regelmäßig wässern. Der jährliche Erhaltungsschnitt erfolgt Anfang bis Mitte März vor Austriebsbeginn. Dabei lichtet man die Gerüstäste aus, entfernt Totholz und störende Äste und lenkt überhängende ältere Fruchttriebe auf jüngere Seitentriebe um.

Birnenbäume können sehr gut als Spalier gezogen werden. Die warme Wand lässt die Früchte optimal gedeihen und bietet Schutz vor Wind und Wetter.

1 Spalierobst

2 Birnengitterrost

Birnengitterrost erkennen Sie an den orangen Flecken und den Verdickungen auf der Blattunterseite. Als Zwischenwirt dienen dem Pilz Wacholderbäume.

Pyrus

STECKBRIEF

- *Kernobst*
- *Juli–Oktober*
- *3–20 m*
- *3–10 m*
- *Januar–März*
- *April–Mai*
- *einlagern, einkochen, entsaften*

Rubus sectio Rubus

Brombeeren

Die selbstfruchtbaren Halbsträucher werden von Juli bis Oktober geerntet. Verwertet werden Sie z. B. in Form von Likör, Dessertwein, Gelee, Marmelade, Saft oder im Rumtopf. Zwar sind sie selbstbefruchtend, die Pflanzung verschiedener Sorten steigert jedoch den Ertrag.

STECKBRIEF

- *Halbstrauch/ Spreizklimmer*
- *Juli–Oktober*
- *2–4 m*
- *2–5 m*
- *August (Sommerschnitt), März (Winterschnitt)*
- *Mai–September*
- *einkochen, einfrieren*

Brombeeren mögen es warm und windgeschützt, können aber auch eher schattig stehen. Sie benötigen einen humosen, durchlässigen, feuchten, aber nicht zu nassen Boden. Die Sträucher lassen sich z. B. als Grundstücksbegrenzung pflanzen, bei ausreichend Platz kann man sie aber auch an ungenützten Hängen verwildern lassen. Am besten pflanzt man Brombeeren im Frühjahr in ein tiefgründiges, mit Kompost versetztes Pflanzbeet. Bei stark wachsenden, rankenden Sorten beträgt der Pflanzabstand 3–4 Meter, bei (halb-) aufrecht wachsenden Sorten 1,5–2 Meter. Die Triebe bindet man locker an ein Drahtgerüst an, ebenso die neu wachsenden Seitentriebe. Vor dem Austrieb im nächsten Frühjahr schneidet man die Seitentriebe auf zwei bis drei Knospen zurück. Hieraus entwickeln sich schließlich die Früchte. Abgeerntete Triebe werden gleich nach der Ernte am Wurzelhals entfernt. Auch alte Triebe und schwache Jungtriebe werden in Bodennähe ausgelichtet. Vier bis fünf kräftige Neutriebe bleiben stehen und werden gesondert angebunden. Die Seitentriebe der verbleibenden Jungtriebe schneidet man wiederum auf zwei bis drei Knospen zurück. Im Winter sollten die Jungtriebe vor Frost geschützt werden, indem man sie vom Gerüst nimmt und ca. 20 Zentimeter dick mit Stroh bedeckt. Jährlich im Frühling vor dem Austrieb ist es empfehlenswert, gut verrotteten Kompost auf dem Beet auszubringen. Bei länger anhaltender Trockenheit sollte öfter gegossen werden, bei normaler Witterung ist zusätzliches Gießen hingegen nicht notwendig.

Brombeeren schneiden

Abgeerntete Ruten werden im Frühjahr bodennah abgeschnitten.

Erdbeeren

Fragaria

Erdbeeren lassen sich in Reihen pflanzen, aber auch unter Obstbäumen, zwischen Sträuchern oder in Kübeln auf Balkon und Terrasse. Da Erdbeeren sich schlecht lagern lassen und schnell verderben, sollten sie möglichst zeitnah vor dem Verzehr bzw. der Weiterverarbeitung gepflückt werden.

Moderne Züchtungen der Kulturerdbeeren sind selbstfruchtbar, nur einige alte Liebhabersorten benötigen eine zweite Sorte in der Umgebung. Allerdings erzielt man auch bei selbstfruchtbaren Sorten höhere Erträge, wenn man eine zweite Bestäubersorte pflanzt. Durch die Kombination früher und später Sorten kann man zudem im Selbstversorgergarten die Erntezeit verlängern. Daneben gibt es auch mehrmals tragende Sorten, die erstmals im Juni/Juli und nach einer Ruhepause nochmals bis in den Herbst tragen.

Erdbeeren benötigen Sonne, einen humosen, durchlässigen und neutralen bis leicht sauren Boden (pH-Wert 5,5–6,5) sowie ausreichend Platz. Daher sollte der Reihenabstand bei der Pflanzung ca. 60 Zentimeter und der Abstand zwischen den Pflanzen ca. 30 Zentimeter betragen. Als Vorpflanzung eignen sich Frühkartoffeln, früher Lauch oder Hülsenfrüchte. Gepflanzt wird im August. Mindestens zwei Wo-

Knoblauch und andere Zwiebelgewächse sind ideale Begleiter für Ihre Erdbeerpflanzen. Durch ihren intensiven Geruch schützen sie die Erdbeeren vor Schneckenfraß.

1 Erdbeeren in Mischkultur

STECKBRIEF

- Staude
- Mai–August
- 20 cm
- 20 cm
- –
- Mai–Juli
- einkochen, einfrieren

chen vor Pflanzbeginn wird der Boden unter Einbringung von reichlich Kompost (5 Liter pro Quadratmeter) tief umgegraben.
Nach der Pflanzung (Herzknospe sollte über dem Boden stehen) die Bodenerde fest andrücken und kräftig angießen. Der Boden muss in der Anwachsperiode (ca. 10–14 Tage) feucht gehalten werden. In der nachfolgenden Zeit sollten die Erdbeeren in Trockenperioden morgens gegossen werden – bei anhaltender Trockenheit morgens und abends. Halten Sie das Beet das ganze Jahr über durch Hacken frei von Unkraut und lockern Sie dabei flach den Boden. Während der Blüte unterlegt man die Pflanzen mit Stroh, damit sie trocken und sauber bleiben. Eine dünne Lage Stroh oder angehäufelter Mulch hilft auch beim Überwintern. Die Ernte erfolgt am besten frühmorgens.
Die Kulturdauer sollte zwei bis drei Jahre nicht überschreiten, da sonst Größe und Ertrag abnehmen. Danach sollte man den Standort wechseln, um Bodenauszehrung zu vermeiden. Bei mehrjähriger Kultur schneidet man nach der Ernte verwelkte Blüten und verfärbtes Laub vollständig zurück und belässt nur die Herzknospe und die für die Vermehrung ausgewählten Ableger an der Pflanze. Danach den Boden bis zur Winterruhe lockern.

Erdbeeren wachsen nicht nur im Topf sehr gut, sondern sind auch ideal für die Beetbepflanzung.

3 Erdbeeren als Beetpflanzen

Die Erntezeit erstreckt sich von Mai bis Mitte Juni. Die Früchte lassen sich einfrieren, aber auch z. B. zu Marmelade oder in einem Rumtopf verarbeiten.

2 Erdbeeren als Topfpflanze

4 Mulchschicht gegen Fäulnis

Sorgen Sie mit einer dünnen Strohschicht dafür, dass die Früchte vor Fäulnis geschützt sind.

Rubus idaeus

STECKBRIEF

- Halbstrauch
- Juni–Oktober
- 1–3 m
- 1–3 m
- Sommerhimbeere: Juli–August Herbsthimbeere: November–Dezember
- Mai–Juni
- einkochen, einfrieren

Himbeeren

Unter den Himbeeren gibt es einmal- und zweimaltragende Sorten. Frühe Sorten lassen sich bereits im Juni ernten, späte bis zum Oktober. Himbeeren sind leicht verderblich, lassen sich aber gut konservieren. So kann man sie z. B. einfrieren, aber auch zu Marmelade und Gelee, Saft, Likör oder im Rumtopf verarbeiten.

Himbeersträucher benötigen einen humosen, lockeren, durchlässigen, tiefgründigen Boden und einen ausreichend hellen, warmen und windgeschützten Standort. Da sie sich gerne ausbreiten, bieten sich Hanglagen oder sonstige ungenutzte Flächen für die Pflanzung an. Himbeersträucher kann man im Frühling oder im Herbst pflanzen. Vor der Pflanzung lockert man den Boden und arbeitet verrotteten Kompost ein. In der ersten Zeit nach der Pflanzung sollte man täglich gießen, danach immer dann, wenn der Boden an der Oberfläche abzutrocknen beginnt. Staunässe meiden und das Beet regelmäßig mulchen. Zudem sollte man im April und Juni mit Gartenkompost düngen und nach Bedarf vor dem ersten Frost nachdüngen.

Man unterscheidet zwischen Sommer- und Herbsthimbeeren. Sommerhimbeeren werden an ein Drahtgerüst gebunden und nach dem Pflanzen auf ca. 40 Zentimeter Höhe zurückgeschnitten, bei Herbsthimbeeren reicht es, wenn sie durch ein Drahtgitter hindurchwachsen. Nach der Ernte im Sommer entfernt man bei den Sommerhimbeeren bodennah die abgetragenen, verholzten Ruten und schwächere Jungtriebe, sodass nur acht bis zehn kräftige Jungtriebe pro Meter Pflanzreihe stehen bleiben.

Bei den Herbsthimbeeren schneidet man nach der Ernte alle Ruten ebenerdig ab und dünnt die Neutriebe im Juni des folgenden Jahres auf 15 Ruten pro Meter Reihenfläche aus. Kranke Ruten stets sofort entfernen und verbrennen oder in den Restmüll werfen.

Schneiden Sie dürre Triebspitzen ab, weitere Korrekturschnitte während der Vegetationsphase sind in der Regel nicht notwendig.

Himbeeren schneiden

Johannisbeeren

Ribes

Man unterscheidet Rote, Weiße und Schwarze Johannisbeeren, die es in Strauch- oder Stammform gibt. Die schwarzen Sorten sind selbstunfruchtbar, die meisten roten und weißen Sorten selbstfruchtbar. Aber auch hier kann der Fruchtansatz durch die Pflanzung von mindestens zwei Sorten verbessert werden.

Johannisbeeren gedeihen am besten auf humosen, nährstoffreichen, leicht sauren, durchlässigen Böden an windgeschützten, sonnigen oder halbschattigen Standorten.
Bei der Straucherziehung pflanzt man Johannisbeeren mit einem Reihenabstand von 2–2,5 Metern. Rote und weiße Sorten fruchten an zwei- und dreijährigen Trieben, schwarze überwiegend an einjährigen Trieben. Johannisbeeren werden in den ersten drei bis vier Jahren mit acht bis zehn kräftigen Trieben erzogen. Danach entfernt man bei Roten und Weißen Johannisbeeren jährlich nach der Ernte das älteste Viertel der fast schwarzen Triebe direkt am Boden. Als Ersatz bleibt die gleiche Anzahl kräftiger neuer Bodentriebe stehen. Überzählige Bodentriebe ausreißen. Seitentriebe der zwei- bis dreijährigen Triebe werden bis zu einer Höhe von 30 Zentimetern über dem Boden entfernt, die restlichen Seitentriebe auf drei bis fünf Knospen eingekürzt. Bei Schwarzen Johan-

Bei Johannisbeeren gilt: Je besser Sie die Sträucher im Winter schneiden, desto schönere Trauben können Sie ernten und umso größer wird die Ernte ausfallen.

1 Winterschnitt

STECKBRIEF

- Strauch/Hochstamm
- Juni–August
- 1–2 m
- 1–1,5 m
- Juli–August (nach der Ernte)
- April–Mai
- entsaften, einkochen, einfrieren

nisbeeren leitet man dreijährige und ältere Triebe jährlich auf kräftige Seitentriebe um. Sind keine vorhanden, entfernt man die abgetragenen Triebe bodennah und ersetzt sie durch die gleiche Anzahl an kräftigen Neutrieben.

Düngen Sie Schwarze Johannisbeeren jeweils vor dem Austrieb im zeitigen Frühjahr sowie im April und Mai mit Brennnesseljauche. Bei der Herbstdüngung vor der Winterruhe arbeitet man Horn- oder Knochenmehl leicht in die Erde ein. Rote Johannisbeeren sollten nicht überdüngt werden. Es genügt, wenn man sie alle drei Jahre mit Gartenkompost versorgt. Sorgen Sie durch regelmäßiges Gießen für ausreichend Feuchtigkeit, vermeiden Sie jedoch unbedingt Staunässe. Vor allem bei Trockenheit sollte man kräftig gießen. Ab den Eisheiligen im Mai sollte man mit Grasschnitt, Laub oder Rindenmulch mulchen, um den Boden feucht zu halten. Die Mulchschicht muss in der Folgezeit regelmäßig erneuert werden. Die reifenden Beeren können mit einem Vogelschutznetz vor Vogelfraß geschützt werden.

Die Erntezeit von Johannisbeeren liegt je nach Sorte zwischen Juni und August. Die Früchte lassen sich gut einfrieren, aber auch zu Gelee, Marmelade, Saft und Likör verarbeiten.

3 Erntezeit

Regelmäßiges und richtiges Düngen ist für ein gutes Wachstum der Johannisbeeren sehr wichtig.

2 Mit Augenmaß düngen

4 Standortwahl

Bedenken Sie bei der Standortwahl: An schattigen Plätzen werden die Beeren eher leicht säuerlich, an sonnigen Plätzen dagegen angenehm süß.

Kirschen

Süßkirschen wachsen zu großen Bäumen heran und tragen erstmals nach fünf bis sechs Jahren, wachsen jedoch nicht überall. Sauerkirschen hingegen sind anspruchsloser und kleinwüchsiger und tragen bereits im zweiten Jahr nach der Pflanzung. Geerntet wird bei Süßkirschen von Juni bis Juli, bei Sauerkirschen von Juli bis August.

Prunus avium
Prunus cerasus

Kirschen benötigen einen sonnigen Standort sowie nährstoffreiche, tiefgründige Böden und vertragen keine Staunässe. Süßkirschen brauchen außerdem ausreichend Platz zur Kronenentfaltung, sind selbstunfruchtbar und brauchen einen passenden zeitgleich blühenden Partner zur Bestäubung. Bei Sauerkirschen gibt es selbstfruchtbare und selbstunfruchtbare Sorten. Mit verschiedenen Sorten kann man aber generell die Befruchtung fördern.

Bei der Pflanzung im Herbst deckt ins Pflanzloch gegebener Kompost oder Pflanzerde den Nährstoffbedarf der jungen Pflanze für die ersten Jahre. Ältere, im Vollertrag stehende Bäume sollten jährlich gedüngt werden, indem man jeweils ca. 4 Liter organischen Dünger auf der Baumscheibe verteilt. Bei der Pflanzung sollte außerdem für ausreichend Wasser für die Feinwurzelbildung gesorgt werden. Kirschen mögen keine nassen Böden, sollten jedoch bei lang anhaltender

Kirschbäume eignen sich besonders gut, um sie als Spalier zu ziehen. Im Fachhandel finden Sie eine große Auswahl an hierfür geeigneten Sorten und Größen.

1 Kirsche als Spalier erziehen

STECKBRIEF

- Steinobst
- Juni–August
- 1–15 m
- 3–10 m
- Juli–August (nach der Ernte)
- April–Mai
- einkochen, einfrieren, entsaften

Trockenheit gegossen werden. Im Sommer verhindert eine Mulchschicht auf der Baumscheibe bei älteren Bäumen das Austrocknen.

Kirschbäume benötigen einen Pflanz- und Erziehungsschnitt, um eine gut entwickelte Krone auszubilden. Ist nach den ersten Jahren der Kronenaufbau abgeschlossen, nimmt man jährlich nach der Ernte einen Erhaltungsschnitt vor. Generell entfernt man hierbei abgestorbene, kranke und steil stehende sowie über Kreuz wachsende Triebe, Stamm- und Stockausschläge. Süßkirschen benötigen darüber hinaus keinen starken Auslichtungsschnitt. Bei Bedarf lichtet man lediglich die quirlartigen Verzweigungen am Mitteltrieb sowie an den Spitzen der Leitäste aus. Ab dem achten Standjahr sollte man auch überhängende Gerüsttriebe auf jüngere Triebe umleiten. Die das Fruchtholz bildenden Kurztriebe bleiben bei Süßkirschen stets unbeschnitten. Sauerkirschen lassen sich bei zu dichten Kronen gelegentlich auch stärker auslichten. Vor allem leitet man hierbei jedoch lange, verkahlte und stark überhängende Triebe auf Neutriebe um.

Die Früchte der Kirschen lassen sich für Selbstversorger z. B. einfrieren, zu Marmelade, Likör oder Saft verarbeiten oder in Sirup einlegen.

↓ Kirschen lassen sich sehr gut zu Saft verarbeiten. Am einfachsten und schonendsten gelingt dies mit einem Dampfentsafter.

3 Verarbeitung

↓ Pflanzen Sie Kirschbäume nie an Stellen, an denen zuvor schon ein Kirschbaum stand. Dies hemmt das Wachstum.

2 Unverträglichkeit

4 Wettereinflüsse

↑ Für die Bestäubung der Blüten spielen Bienen eine große Rolle. Ohne ihren unermüdlichen Einsatz würde ein Großteil der Ernte ausfallen.

Pflaumen

Unter den pflegeleichten Pflaumen gibt es selbstfruchtbare und selbstunfruchtbare Sorten. Generell erzielen fremdbestäubte Bäume jedoch einen höheren Ertrag. Je nach Sorte reifen Pflaumen von Juli bis Oktober. Pflaumen eignen sich zum Dörren, für eingemachtes Kompott oder für Pflaumenmus.

Prunus domestica

Pflaumen bevorzugen warme, frost- und windgeschützte Standorte und tiefgründige, nährstoffreiche, wasserführende Böden. Sie lassen sich z. B. gut an einer Hauswand anpflanzen. Gepflanzt wird im Spätherbst oder im Frühjahr. Der Boden sollte hierfür gut umgegraben und dräniert werden. Eine Kompostgabe beim Pflanzen ist empfehlenswert. Nach dem Pflanzen gießt man regelmäßig, um das Anwurzeln zu unterstützen. Ab dem zweiten Standjahr ist keine zusätzliche Bewässerung nötig. Allenfalls bei langen Trockenperioden im Sommer sollte man zusätzlich mit Regenwasser gießen. Ältere Bäume können alle zwei bis drei Jahre mit Kompost gedüngt werden, der direkt nach der Blüte auf der Baumscheibe verteilt wird. Nach der Ernte ist der beste Zeitpunkt für den jährlichen Erhaltungsschnitt. Dabei entfernt man steil und nach innen wachsende Triebe. Abgetragene und nach unten herabhängende Fruchtäste werden auf jüngere zweijährige Triebe umgeleitet, die Blütenknospen tragen.

Pflaumen bilden ihre Blütenknospen bevorzugt an zwei- bis mehrjährigen Fruchttrieben. Regelmäßige Schnittmaßnahmen erneuern die Fruchtholzbildung.

1 Blütenknospen

2 Auslichten

Ein jährlicher Rückschnitt ist wichtig, da starke Verjüngungsschnitte nicht gut vertragen werden.

STECKBRIEF

- Steinobst
- Juli–Oktober
- 6–10 m
- 3–10 m
- Juli–August (nach der Ernte)
- März–Mai
- einkochen, einfrieren, trocknen, dörren

Ribes uva-crispa

Stachelbeeren

Stachelbeeren entwickeln je nach Sorte gelbe, grüne oder rote Früchte und können von Juni bis August geerntet werden. Sie eignen sich z. B. zur Herstellung von Marmelade und Wein. Stachelbeeren sind teils selbstbefruchtend, bringen jedoch mehr Ertrag, wenn man mindestens zwei Sorten pflanzt. Wählen Sie am besten mehltauresistente Sorten.

Stachelbeeren bevorzugen ausreichend feuchte, nährstoffhaltige, durchlässige Böden. Sie vertragen sowohl Sonne als auch Halbschatten. Empfehlenswert ist eine Herbstpflanzung in einem tiefgründig gelockerten Boden. Mit der Pflanzung von mehreren Sorten lässt sich die Erntezeit verlängern und Ernteausfälle durch Krankheiten lassen sich vermindern. Schon beim Pflanzen sollten Stachelbeeren etwas Kompost erhalten. Da sie weitgreifend wurzeln, empfiehlt sich bei der Buscherziehung ein Pflanzabstand von ca. 1,5 Metern. Erzogen werden sie mit acht bis zwölf Bodentrieben verschiedenen Alters (dazu die Triebe am besten mit Ringen unterschiedlicher Farbe markieren). Ab dem vierten Standjahr nimmt man jährlich nach der Ernte einen Erhaltungsschnitt vor. Hierbei werden mehrere alte (dunkle) Äste bodennah entfernt und als Ersatz drei bis vier kräftige Neutriebe stehen gelassen. Die übrigen Bodentriebe entfernt man an der Basis. Von Mehltau befallene Pflanzen – zu erkennen an verdrehten oder gekrümmten, bräunlich verfärbten Triebspitzen – müssen weit ins gesunde Holz zurückgeschnitten werden. Außerdem sollten Sie regelmäßig Unkraut jäten. Damit der Boden nicht austrocknet, muss, vor allem in Trockenperioden, regelmäßig gegossen werden. Eine Mulchschicht, z. B. aus Stroh, hält während der Wachstumsphase den Boden feucht. Gedüngt wird Anfang März und im Mai nach der Blüte mit Kompost, Hornspänen oder Knochenmehl. Auch Brennnesseljauche macht die Pflanzen widerstandsfähig.

Zu dichte Sträucher werden ausgelichtet, indem man zu dicht und nach innen wachsende Triebe entfernt.

Triebe auslichten

STECKBRIEF

- Strauch/Hochstamm
- Juni–August
- 0,5–1,5 m
- 1–2 m
- August (nach der Ernte)
- April–Mai
- einkochen, einfrieren

Wein

Weintrauben sind selbstbefruchtend und können ab dem dritten Standjahr von August bis Oktober geerntet werden. Die Früchte eignen sich für den Frischverzehr, sind aber auch ideal für die Herstellung von Saft und Wein. In letzterem Fall sollten die Trauben jedoch vor der Ernte möglichst lang an der Rebe verbleiben.

Weintrauben benötigen einen warmen, windgeschützten Standort und einen durchlässigen, nicht staunassen Boden, kommen jedoch auch gut mit mäßig trockenen und steinigen Böden zurecht. Gut eignen sich Spaliere mit Ausrichtung nach Süden, Südwesten oder Südosten. Machen Sie vor dem Pflanzen eine Bodenanalyse: Ideal ist ein pH-Wert über 7. Graben Sie den Boden gut um und sorgen Sie für eine ausreichende Dränage. Sinnvolle Pflanzabstände liegen zwischen 1 und 2 Metern.

Zum Wachsen benötigen Weinreben eine Rankhilfe. Die Spaliere sollten jedoch einen Mindestabstand von 20 Zentimetern zu Wänden und Mauern haben. Empfehlenswert ist die Pflanzung im Spätherbst. Bei der Pflanzung setzt man den Stock an ein Spalier mit Spanndrähten. Die Veredlungsstelle sollte sich dabei 3–4 Zentimeter über dem Boden befinden.

Ab dem vierten bis fünften Jahr folgt der jährliche Erhaltungsschnitt. Beim Sommerschnitt entfernt man zu dicht stehende Seitentriebe ohne Blütenstände und kürzt die fruchttragenden Triebe sechs bis acht Blätter über der zweiten Traube ein. Beim Winterschnitt kürzt man abgetragene und einjährige Fruchttriebe an den Gerüstästen auf zwei kräftige Knospen ein. In den ersten sechs Wochen nach der Pflanzung benötigt eine Pflanze (außer bei starkem Regen) wöchentlich 10 Liter Wasser. Ab dem zweiten Standjahr muss man nur noch in Trockenperioden gießen.

Im Frühling arbeitet man organischen Dünger (z. B. Kompost) ins Beet ein, bis September düngt man zweimal pro Monat nach. Bei der letzten Düngung sollte man zusätzlich Algenkalk oder Gesteinsmehl beimischen. Vor Vogelfraß lassen sich die Weinreben mit Netzen schützen.

Die Pflanze wird aus einem oder zwei kräftigen Trieben gezogen.

Wein schneiden

Vitis vinifera

STECKBRIEF

- Kletterpflanze
- August–Oktober
- 2–10 m
- 2–8 m
- Februar–März
- Mai–Juni
- einkochen, entsaften

Kräuter und Gewürze

Wer in seinem Selbstversorgergarten Platz für Kräuter und Gewürze schafft, wird mit einer Vielzahl an Gewächsen belohnt, die nicht nur gut schmecken, sondern auch wunderbar duften und heilende Eigenschaften besitzen. Auf den nächsten Seiten finden Sie grundsätzliche Informationen zum Anlegen eines Kräuterbeets sowie zu den wichtigsten Pflanzen.

TIPP

» Auch wenn Sie viel Platz in Ihrem Garten haben, ist eine überschaubare Größe für das Kräuterbeet empfehlenswert. Eine Fläche von 2–4 Quadratmetern reicht vollkommen aus, um eine ausreichende Auswahl an Kräutern anzupflanzen. Die Maximalgröße eines Kräuterbeets kann jedoch auch 8–12 Quadratmeter erreichen, wenn Sie besonders viele Kräuter anbauen wollen. «

Die Standortwahl ist für Ihren Kräutergarten entscheidend. Vor allem sollte er windgeschützt sein, denn Kräuter vertragen Zugluft nicht gut. Die meisten Pflanzen benötigen außerdem einen hellen und sonnigen Standort, der idealerweise in der Mittagssonne liegt. Bei den Bodenverhältnissen sollte es ein humoser und durchlässiger Boden sein, der den meisten Kräutern gute Bedingungen bietet. Selbst Kräuter wie Thymian oder Rosmarin, die karge Böden gewohnt sind, gedeihen hier gut. Wer wenig Platz im Garten hat, kann seine Kräuter auch in Töpfen auf Terrasse und Balkon ziehen. Die meisten Pflanzen kommen mit dem begrenzten Platz gut zurecht.

JUNGPFLANZEN ODER SAMEN?

Am besten kaufen Sie Ihre Kräuter als Jungpflanzen, da die Anzucht aus Samen in unseren Breitengraden oft schwer bis unmöglich ist. Vor allem bei Salbei, Lavendel, Thymian, Rosmarin und Melisse ist dies der Fall. Achten Sie bei der Auswahl der Jungpflanzen auf gut entwickelte Exemplare, deren Wurzelwerk dicht und gut verzweigt ist. Frostharte Kräuter wie z. B. Dill, Borretsch oder Oregano können Sie ab April im Beet aussäen. Kräuter wie Estragon, Basilikum oder Petersilie, die keinen Frost vertragen, kultivieren Sie erst auf der Fensterbank vor und setzen sie dann im Mai ins Beet oder in den Topf.

PFLEGE UND ERNTE

Eine ausreichende Versorgung mit Wasser ist essenziell. Stellen Sie sicher, dass Ihre Kräuter vor allem in trockenen Zeiten immer gut bewässert werden. Sie sollten auch das Wachstum kontrollieren und die Pflanzen regelmäßig zurückschneiden. So stimulieren Sie einen kräftigen Wuchs und zarte Triebe zum Ernten. Die ideale Zeit zum Ernten ist im Frühjahr und Sommer, besonders an Sonnentagen. Die meisten Kräuter wie Schnittlauch oder Basilikum können während ihrer gesamten Wachstumsperiode geerntet werden. Der perfekte Dünger für Kräuterpflanzen ist vor allem organischer Dünger wie Kompost oder Hornspäne. Sie verbessern zudem auch die Bodenqualität und -fruchtbarkeit. Bei Topfkräutern sollten Sie auf Flüssigdünger setzen. Dieser lässt sich leicht dosieren und gut verabreichen. Um mehrjährige Kräuter winterfest zu machen, deckt man diese am besten mit einer dicken Laubschicht oder Tannenreisig ab.

1 Kräuter selbst ziehen

Wenn sich die ersten Blättchen gebildet haben, sollten Sie die Pflänzchen etwas auslichten und vereinzeln. Nur mit ausreichend Platz können sich Ihre Kräuter optimal weiterentwickeln. Jetzt ist auch der ideale Zeitpunkt, um von der Fensterbank auf den Balkon oder in den Garten umzuziehen.

Da Kräuter schnell ihr Aroma verlieren, sollten Sie den Sommer über immer nur so viel frisch ernten, wie Sie gerade benötigen. Im Herbst empfiehlt es sich aber, etwas für den Winter einzufrieren oder zu trocknen.

2 Richtig ernten

3 Kräuter trocknen

Trocknen Sie Ihre Kräuter an der frischen Luft – dies dauert zwar etwas länger, erhält aber das volle Aroma. Eilige können auch den Backofen verwenden, optimal ist hier eine Temperatur zwischen 30 und 50 Grad.

Basilikum

Basilikum gehört zu den beliebtesten Kräuterpflanzen und ist aus der mediterranen Küche nicht wegzudenken Er benötigt besonders sonnige und geschützte Lagen und einen nährstoffreichen, lockeren Boden, dann wird er bis zu 60 Zentimeter hoch. Er ist einjährig und lässt sich auch aus Samen züchten. Hierfür sollte man am besten Ende April bis Anfang Mai beginnen. Es werden acht bis zwölf Samen in einem Topf mit lockerem, nährstoffreichem Substrat gegeben und diese gut angedrückt. Der Topf bleibt dann ca. eine Woche auf der Fensterbank, bis die Jungpflanzen im Abstand von ca. 25 Zentimetern ausgepflanzt werden. Basilikum mag keine Staunässe und sollte vor kalten und windigen Wetterverhältnissen geschützt werden.

Bohnenkraut

Bohnenkraut ist einjährig und wird ca. 20 bis 30 Zentimeter hoch. Der beste Erntezeitpunkt ist Juni bis Juli kurz vor der Blüte. Die frischen oder getrockneten Blätter sowie die Zweigspitzen verleihen Fleischgerichten und Hülsenfrüchten mehr Geschmack. Ende April bis Anfang Mai können Sie die Pflanzen auf der Fensterbank vorkultivieren. Benutzen Sie hierfür ein sandiges, nicht gedüngtes Substrat. Ab Mitte Mai können Sie die Jungpflanzen dann ins Beet setzen, am besten an einem sonnigen und trockenen Standort. Bohnenkraut muss nicht gedüngt werden, da die Pflanze an magere Sandböden abgepasst ist. Zwischen Juni und September bereichert das Gewürzkraut den Garten mit weißen, rosa und violetten Blüten.

Dill

Der einjährige Dill ist relativ anspruchslos und kann ab April im Abstand von ca. 15–20 Zentimeter direkt ins Beet ausgesät werden. Bei der Aussaat können Sie die Saat ruhig großzügig mit 2–3 Gramm Samen pro Quadratmeter ausstreuen und nur leicht andrücken. Dill bevorzugt einen sonnigen, windgeschützten Standort und wird unter guten Verhältnissen bis zu 1,50 Meter hoch. Ab Ende Juni weist er zarte Doldenblüten auf. Er eignet sich auch gut zur Kultivierung in Töpfen und Balkonkästen. Man sollte in allen Fällen auf eine gute Bewässerung ohne Staunässe achten. Mit ihrem hohen Gehalt an Vitamin C und Mineralstoffen sind die jungen Blätter des Dills sehr gesund und machen zudem viele Speisen besser verdaulich.

Estragon

Den mehrjährigen Estragon besorgt man sich am besten als Jungpflanze und pflanzt ihn von Mitte April bis Anfang Mai ins Beet. Auch in Kübeln und Töpfen lässt sich Estragon gut ansiedeln. Wählen Sie am besten den „Französischen Estragon", da er viel mehr ätherische Öle besitzt als der „Russische Estragon". Er liebt mäßig feuchtes und humoses Erdreich und einen sonnigen bis halbschattigen Standort. Wie bei den meisten Kräutern sollte man auch hier Staunässe vermeiden. Die zarten Estragonblätter erntet man vom Frühjahr bis zum Winterbeginn und würzt damit Soßen, Eingelegtes, Geflügel und Fisch. Vor Wintereinbruch stutzt man ihn bis Handbreit über den Boden und bedeckt ihn mit einer dicken Laubschicht.

Knoblauch

Der allseits beliebte Knoblauch fühlt sich in der Sonne wie im Halbschatten wohl. Zum Anpflanzen besorgt man sich Brutzwiebeln, die man ab April in einem Abstand von ca. 20 Zentimeter etwa 5 Zentimeter tief in den Boden steckt. An den Hauptknollen bilden sich dann 10 bis 20 neue Zehen, die man im Herbst ernten kann. Hierzu wird die Knolle vorsichtig mit einer Grabeforke aus der Erde gehoben. Achten Sie darauf, dass der Boden ausreichend locker und feucht ist. Staunässe sollte auf jeden Fall vermieden werden. Im Herbst wird der Knoblauch geerntet. Dazu heben Sie die Knolle einfach vorsichtig mit einer Grabegabel aus der Erde. Anschließend können Sie den Knoblauch säubern und an der Luft trocknen lassen.

Liebstöckel

Das als Suppengewürz bekannte Liebstöckel mag lehmigen, nährstoffhaltigen Boden und einen sonnigen und warmen Standort. Im Frühjahr kann man es in Töpfen aussäen und bis Mitte Mai keimen lassen. Nach den Eisheiligen können die Jungpflanzen schließlich ins Beet, die dann bis zu 1,80 Meter hoch werden können. Vor allem während der Sommerhitze sollte man darauf achten, dass das Liebstöckel immer ausreichend viel Wasser hat. Von Juli bis August blühen seine gelben Doldenblüten. Als Gewürz verwendet man am besten besonders junge Blätter, die man wegen ihres intensiven Geschmacks jedoch vorsichtig dosieren sollte. Aufgrund seiner Größe lässt sich Liebstöckel nicht in Balkonkästen oder Töpfen anbauen.

Majoran

Der mehrjährige, buschig wachsende Majoran ist die kultivierte Form des wilden Oregano und kann bis zu 30 Zentimeter hoch werden. Er bevorzugt vor allem lockere und kalkhaltige Böden und einen sonnigen, warmen Standort. In der Regel besorgt man sich Jungpflanzen in der Gärtnerei und pflanzt diese ab Mai in den Garten. Majoran kann aber auch ab Mitte Mai bis Anfang Juni direkt ins Beet ausgesät werden. Wird er gelegentlich gedüngt, führt dies zu einem kräftigen Wachstum. Für einen neuen Austrieb und eine kompakte Form empfiehlt sich ein Rückschnitt. Die frischen Blätter können vor und auch während der Blüte zwischen Juli und Oktober geerntet werden und bereichern viele Kartoffel- und Fleischgerichte.

Minze

Die robuste und pflegeleichte Minze ist mehrjährig und man pflanzt sie am besten als Jungpflanze ab Mai an einen sonnigen bis halbschattigen Standort mit humosen, feuchten Bodenverhältnissen. Da sie sehr wuchsfreudig ist und sich schnell im gesamten Beet ausbreitet, ist genug Abstand zu anderen Pflanzen und ein regelmäßiger Beschnitt sinnvoll. Auch im Topf, wo man ihren Wuchs leichter in Schach halten kann, gedeiht sie gut. Zur Vermehrung können Wurzelausläufer verwendet werden, die in einem Abstand von 20 Zentimetern flach in die Erde gesetzt werden. Achten Sie darauf, die Minze immer ausreichend zu bewässern und feucht zu halten. Ihre aromatischen Blätter können Sie dann zwischen Juni und August ernten.

Petersilie

Die beliebte zweijährige Petersilie wird in verschiedenen Sorten angeboten: Es gibt die krause Petersilie, die besonders robust ist, und die glattblättrige Variante, die intensiver schmeckt. Was die Bodenverhältnisse betrifft, ist jede Sorte relativ anspruchslos und gedeiht an sonnigen Plätzen wie auch im Halbschatten. Von Mitte März bis Juli können die Samen im Abstand von 20 Zentimetern ungefähr 2–3 Zentimeter tief ins Beet ausgesät werden. Die Zucht im Topf auf der Fensterbank ist ebenso möglich. Bei ausreichender Wasserversorgung und regelmäßiger Düngung wird Petersilie bis zu 30 Zentimeter hoch. Staunässe sollten Sie aber unbedingt vermeiden. Die Erntezeit beginnt ab Juni und kann bis in den November hinein reichen.

Rosmarin

Der aus dem Mittelmeerraum stammende mehrjährige Rosmarin bevorzugt einen vollsonnigen Standort und trockene, kalkhaltige Böden. Da die Anzucht zeitaufwendig ist, kaufen Sie am besten Jungpflanzen, die Sie im Frühjahr einpflanzen. Rosmarin vermehrt man auch mit Stecklingen. Hierfür steckt man einen 10 Zentimeter langen Zweig in einen mit Erde-Sand-Gemisch gefüllten Topf, platziert ihn an einem sonnigen Ort und gießt ihn regelmäßig. Der intensiv duftende Strauch kann bis zu 80 Zentimeter hoch werden. Seine aromatischen Nadeln, die eine Vielzahl an Speisen mit ihrem feinen Geschmack veredeln, können die gesamten Sommermonate über geerntet werden. Zum Überwintern holt man Rosmarin am besten im Topf ins Haus.

Salbei

Der anspruchslose mehrjährige Salbei liebt möglichst sonnige Standorte mit einem leicht kalkhaltigen, trockenen Boden und kann bis zu 60 Zentimeter hoch werden. Von Ende März bis Anfang April lässt er sich auf dem Fensterbrett vorkultivieren und dann ab Mai mit 40 Zentimetern Abstand ins Beet pflanzen. Alternativ kann er ab Mai auch direkt ins Beet ausgesät werden. Salbei benötigt nur bei ausgeprägten Trockenphasen eine leichte Bewässerung. Eine einmalige Düngung im Frühjahr ist empfehlenswert. Von Juni bis August bereichert er dann mit seinen violetten Blüten den Garten. Kurz vor der Blüte sind seine Blätter am aromatischsten. Zum Überwintern schützt man ihn am besten mit Stroh vor allzu kalten Frosttagen.

Schnittlauch

Schnittlauch wächst auf leicht kalkhaltigem, feuchtem und nährstoffreichem Boden und gedeiht an halbschattigen wie auch sonnigen Standorten. Die mehrjährige Pflanze kann entweder Anfang April direkt ins Beet ausgesät oder in warm stehenden Kästen vorkultiviert werden. Nach drei bis vier Wochen lassen sich die Jungpflanzen dann büschelweise in einem Abstand von 20 Zentimetern auspflanzen. Achten Sie auf ausreichend Bodenfeuchtigkeit. Zwischen Mai und August trägt der Schnittlauch an seinen dünnen, hohlförmigen Blättern rosafarbene und violette Blüten. Ernten lässt er sich das ganze Jahr über. Zum Überwintern können Sie im Herbst einzelne Horste ausstechen und in Töpfen auf der Fensterbank kultivieren.

Register

L

M

N

O

P

Q/R

S

T

U

V

W

Z

Bildnachweis

4: bikeriderlondon/Shutterstock.com; 6: FotoTrapper/Shutterstock.com; 8: absolutimages/Shutterstock.com; 10: Monkey Business Images/Shutterstock.com; 11: Joshua Resnick/Shutterstock.com; 12: HildaWeges Photography/Shutterstock.com; 13 o. li., o. re., u. li., u. re.: ajlatan/Shutterstock.com; 14: Toa55/Shutterstock.com; 15 o. li.: Monika Pa/Shutterstock.com; 15 o. re.: Artazum/Shutterstock.com; 15 u.: Peter Turner Photography/Shutterstock.com; 16 o. li.: Matthew J Thomas/Shutterstock.com; 16 o. re.: bikeriderlondon/Shutterstock.com; 16 u.: Grisha Bruev/Shutterstock.com; 17 o. li.: Jen Petrie/Shutterstock.com; 17 o. re., u.: Peter Turner Photography/Shutterstock.com; 18: upixa/Shutterstock.com; 19 o. li.: pixfix/Shutterstock.com; 19 o. re.: Del Boy/Shutterstock.com; 19 u. li.: upixa/Shutterstock.com; 19 u. re.: Bildagentur Zoonar GmbH/Shutterstock.com; 20 o.: focus finder/Fotolia.com; 20 u. li.: Steve Lovegrove/Shutterstock.com; 20 u. re.: Masterovoy/Shutterstock.com; 21 o.: Franz Peter Rudolf/Shutterstock.com; 21 u. li.: Vitelle/Shutterstock.com; 21 u. re.: Lithiumphoto/Shutterstock.com; 22: goodluz/Shutterstock.com; 23 o.: Grisha Bruev/Shutterstock.com; 23 u. li.: Lithiumphoto/Shutterstock.com; 23 u. re.: Halfpoint/Shutterstock.com; 24 o. li.: Yunava1/Shutterstock.com; 24 o. re.: stockcreations/Shutterstock.com; 24 u. li.: markus spiske/Shutterstock.com; 24 u. re.: Oleg Mikhaylov/Shutterstock.com; 25 o. li.: magda_shutterstock/Shutterstock.com; 25 o. re.: Semmick Photo/Shutterstock.com; 25 u.: Oleg Mikhaylov/Shutterstock.com; 26: HildaWeges Photography/Shutterstock.com; 27 o. li.: bikeriderlondon/Shutterstock.com; 27 o. re.: Christine Kuchem/Shutterstock.com; 27 u.: Katarzyna Mazurowska/Shutterstock.com; 28 o. li.: wsf-s/Shutterstock.com; 28 o. re.: Maren Winter/Shutterstock.com; 28 u. li.: Filipe B. Varela/Shutterstock.com; 28 u. re.: sanddebeautheil/Shutterstock.com; 29 o.: Ivonne Wierink/Shutterstock.com; 29 u. li.: AN NGUYEN/Shutterstock.com; 29 u. re.: Peti74/Shutterstock.com; 30: Luisa Fumi/Shutterstock.com; 31 o. li.: Vilaiporn Chatchawal/Shutterstock.com; 31 o. re.: Del Boy/Shutterstock.com; 31 u. li.: Heike Rau/Shutterstock.com; 31 u. re.: Arina P Habich/Shutterstock.com; 32 o.: Eric Krouse/Shutterstock.com; 32 u. li.: vaivirga/Shutterstock.com; 32 u. re.: Graham Corney/Shutterstock.com; 33 li. o.: Jozef_Culak/Shutterstock.com; 33 li. u.: tourpics_net/Shutterstock.com; 33 re.: Agenturfotografin/Shutterstock.com; 34: twinbooks; 35 o. li.: guentermanaus/Shutterstock.com; 35 o. re.: R. Maximiliane/Shutterstock.com; 35 u.: Jurga Jot/Shutterstock.com; 36 o.: Suratwadee Karkkainen/Shutterstock.com; 36 u. li.: SvetlanaZakharova/Shutterstock.com; 36 u. re.: Heliosphile/Shutterstock.com; 37 o.: Park jinman/Shutterstock.com; 37 u. li.: Manfred Ruckszio/Shutterstock.com; 37 u. re.: Spectral-Design/Shutterstock.com; 38: wavebreakmedia/Shutterstock.com; 40 o.: Graham Corney/Shutterstock.com; 40 u. li.: Eag1eEyes/Shutterstock.com; 40 u. re.: Koldunov/Shutterstock.com; 41 o.: oticki/Shutterstock.com; 41 u. li., u. re.: Eag1eEyes/Shutterstock.com; 42 o.: dcwcreations/Shutterstock.com; 42 u. li.: Elena Masiutkina/Shutterstock.com; 42 u. re.: Viacheslav Nikolaenko/Shutterstock.com; 43 o. li.: Ekaterina Pankina/Shutterstock.com; 43 o. re.: MakcouD/Shutterstock.com; 43 u.: Phil Darby/Shutterstock.com; 44 o.: pryzmat/Shutterstock.com; 44 u.: sanddebeautheil/Shutterstock.com; 45 o. li.: Auhustsinovich/Shutterstock.com; 45 o. re.: bikeriderlondon/Shutterstock.com; 45 u. li.: Gabriele Maltinti/Shutterstock.com; 45 u. re.: M. Cornelius/Shutterstock.com; 46 o. li.: TwilightArtPictures/Shutterstock.com; 46 o. re.: Ekaterina Pankina/Shutterstock.com; 46 u. li.: stockcreations/Shutterstock.com; 46 u. re.: photowind/Shutterstock.com; 47 o.: Elena Fomichewa/Shutterstock.com; 47 u. li.: rodimov/Shutterstock.com; 47 u. re.: Phoenixpix/Fotolia.com; 48 o.: Bauer Alexander/Shutterstock.com; 48 u. li.: thefoodphotographer/Shutterstock.com; 48 u. re.: Peryn/Shutterstock.com; 49 o. li.: malinkaphoto/Shutterstock.com; 49 o. re.: l i g h t p o e t/Shutterstock.com; 49 u.: Iakov Filimonov/Shutterstock.com; 50 o.: Karen Kaspar/Shutterstock.com; 50 u.: Darren Grove/Shutterstock.com; 51 o. li.: sanddebeautheil/Shutterstock.com; 51 o. re.: Sarycheva Olesia/Shutterstock.com; 51 u.: Kingarion/Shutterstock.com; 52 o. li.: Juriah Mosin/Shutterstock.com; 52 o. re.: Kira Volkov/Shutterstock.com; 52 u. li.: JLPrice/Shutterstock.com; 52 u. re.: Petra Schueller/Shutterstock.com; 53 o. li.: Air Images/Shutterstock.com; 53 o. re.: bikeriderlondon/Shutterstock.com; 53 u. li.: melis/Shutterstock.com; 53 u. re.: Monkey Business Images/Shutterstock.com; 54 o.: Anukool Manoton/Shutterstock.com; 54 u. li.: Gregory Johnston/Shutterstock.com; 54 u. re.: Simone Andress/Shutterstock.com; 55 o.: Lunov Mykola/Shutterstock.com; 55 u. li.: johnbraid/Shutterstock.com; 55 u. re.: quangmooo/Shutterstock.com; 56 o.: Andrea Mangoni/Shutterstock.com; 56 u. li.: Radovan1/Shutterstock.com; 56 u. re.: tanasieeugenandrei/Shutterstock.com; 57 o. li.: Lynsey Grosfield/Shutterstock.com; 57 o. re.: Smit/Shutterstock.com; 57 u.: Lynsey Grosfield/Shutterstock.com; 58 o., u.: ajlatan/Shutterstock.com; 59 o. li.: johnbraid/Shutterstock.com; 59 o. re.: Igorsky/Shutterstock.com; 59 u. li.: sanddebeautheil/Shutterstock.com; 59 u. re.: Vadym Zaitsev/Shutterstock.com; 60 o.: Arina P Habich/Shutterstock.com; 60 u. li.: Sever180/Shutterstock.com; 60 u. re.: Peter Turner Photography/Shutterstock.com; 61 o.: Julia700702/Shutterstock.com; 61 u. li.: stevemart/Shutterstock.com; 61 u. re.: Galina 2703/Shutterstock.com; 62 o.: Arina P Habich/Shutterstock.com; 62 u. li.: lavizzara/Shutterstock.com; 62 u. re.: Dutourdumonde Photography/Shutterstock.com; 63 o.: Alison Hancock/Shutterstock.com; 63 u. li.: jgolby/Shutterstock.com; 63 u. re.: Bildagentur Zoonar GmbH/Shutterstock.com; 64 o., u. li. twinbooks; 64 u. re.: mema/Fotolia.com; 65 o. li., o. re., u. Gartenfrosch; 66 o.: lumokajlinioj/Shutterstock.com; 66 u. li.: johnbraid/Shutterstock.com; 66 u. re.: Bildagentur Zoonar GmbH/Shutterstock.com; 67 o. li.: Peter Turner Photography/Shutterstock.com; 67 o. re.: Iakov Filimonov/Shutterstock.com; 67 u.: Yorkman/Shutterstock.com; 68 o. li.: bikeriderlondon/Shutterstock.com; 68 o. re., u.: Luoxi/Shutterstock.com; 69 o.: MNStudio/Shutterstock.com; 69 u. li.: Mladen Kostic/Shutterstock.com; 69 u. re.: Linda George/Shutterstock.com; 70 o.: Nikolay Gyngazov/Shutterstock.com; 70 u.: Janelle Lugge/Shutterstock.com; 71 o. li.: sima/Shutterstock.com; 71 o. re.: Irina Borsuchenko/Shutterstock.com; 71 u.: Valentina Proskurina/Shutterstock.com; 72 o.: sanddebeautheil/Shutterstock.com; 72 u. li.: markus spiske/Shutterstock.com; 72 u. re.: filippo giuliani/Shutterstock.com; 73 o.: Maksym Gorpenyuk/Shutterstock.com; 73 u. li.: DJTaylor/Shutterstock.com; 73 u. re.: vvoe/Shutterstock.com; 74 o.: Great Teacher Thawatchai/Shutterstock.com; 74 u. li.: Lu Mikhaylova/Shutterstock.com; 74 u. re.: richsouthwales/Shutterstock.com; 75 o. li.: szefei/Shutterstock.com; 75 o. re.: FRÜH/Fotolia.com; 75 u.: Petra Schueller/Shutterstock.com; 76 o.: Pack-Shot/Shutterstock.com; 76 u.: Alison Hancock/Shutterstock.com; 77 o. li.: Radovan1/Shutterstock.com; 77 o. re.: Marina Lohrbach/Shutterstock.com; 77 u. li.: Gabor Havasi/Shutterstock.com; 77 u. re.: vincent noel/Shutterstock.com; 78 o.: Brian Maudsleyv/Shutterstock.com; 78 u. li.: Michael Ebardt/Shutterstock.com; 78 u. re.: FooTToo/Shutterstock.com; 79 o. li.: Arina P Habich/Shutterstock.com; 79 o. re.: Juhku/Shutterstock.com; 79 u.: Air Images/Shutterstock.com; 80 o. li.: Simon Annable/Shutterstock.com; 80 o. re.: LarsZ/Shutterstock.com; 80 u.: Pixeljoy/Shutterstock.com; 81 o.: Bildagentur Zoonar GmbH/Shutterstock.com; 81 u. li.: TwilightArtPictures/Shutterstock.com; 81 u. re.: bbbb/Shutterstock.com; 82 o.: Sherjaca/Shutterstock.com; 82 u.: Ivonne Wierink/Shutterstock.com; 83 o. li.: sylv1rob1/Shutterstock.com; 83 o. re.: HildaWeges Photography/Shutterstock.com; 83 u. li.: wideonet/Shutterstock.com; 83 u. re.: Cyrsiam/Shutterstock.com; 84 o.: Stephen Chung/Shutterstock.com; 84 u. li.: Solodovnik/Shutterstock.com; 84 u. re.: vera ilina/Shutterstock.com; 85 o.: Grzegorz Petrykowski/Shutterstock.com; 85 u. li.: kay roxby/Shutterstock.com; 85 u. re.: PumpuiSTR/Shutterstock.com; 86 o., u. re. twinbooks; 86 u. li.: Seeables/Shutterstock.com; 87 o. li., o. re., u. twinbooks; 88 o.: Phovoir/Shutterstock.com; 88 u.: Wollertz/Shutterstock.com; 89 o. li.: AC Rider/Shutterstock.com; 89 o. re.: Eag1eEyes/Shutterstock.com; 89 u.: OVKNHR/Shutterstock.com; 90 o. li.: Kletr/Shutterstock.com; 90 o. re.: emine sahin/Shutterstock.com; 90 u. li.: Lucky Business/Shutterstock.com; 90 u. re.: Christopher Gardiner/Shutterstock.com; 91 o.: Paranamir/Shutterstock.com; 91 u. li.: alenvl/Shutterstock.com; 91 u. re.: ET1972/Shutterstock.com; 92 o.: Viacheslav Nikolaenko/Shutterstock.com; 92 u. li.: Hans Geel/Shutterstock.com; 92 u. re.: Thomas Klee/Shutterstock.com; 93 o.: SusaZoom/Shutterstock.com; 93 u. li.: Teresa Kasprzycka/Shutterstock.com; 93 u. re.: Viacheslav Nikolaenko/Shutterstock.com; 94 o.: Jurga Jot/Shutterstock.com; 94 u. li.: foodlove/Shutterstock.com; 94 u. re.: LaineN/Shutterstock.com; 95 o. li.: hjochen/Shutterstock.com; 95 o. re.: Milosz_G/Shutterstock.com; 95 u.: Thomas Klee/Shutterstock.com; 96: Stock Rocket/Shutterstock.com; 98: Image Conscious/Shutterstock.com; 99 o. li.: Mongolka/Shutterstock.com; 99 o. re.: kryzhov/Shutterstock.com; 99 u.: audaxl/Shutterstock.com; 100 o.: Foodpictures/Shutterstock.com; 100 u.: Arina P Habich/Shutterstock.com; 101: Peter Turner Photography/Shutterstock.com; 102: twinbooks; 103 o.: Margoe Edwards/Shutterstock.com; 103 u. li.: Magdanatka/Shutterstock.com; 103 u. re.: Volodymyr Nikitenko/Shutterstock.com; 104 o. re.: NADKI/Shutterstock.com; 104 o. li.: Denis and Yulia Pogostins/Shutterstock.com; 104 u.: Diana Taliun/Shutterstock.com; 105: Julia Fikse/Shutterstock.com; 106 o.: bondvit/Shutterstock.com; 106 u.: Lifestyle_Studio/Shutterstock.com; 107 o.: yuris/Shutterstock.com; 107 u. li.: Aksenova Olga/Shutterstock.com; 107 u. re.: oksana2010/Shutterstock.com; 108 o.: Marykit/Shutterstock.com; 108 u. li.: Juri Bondar/Shutterstock.com; 108 u. re.: Plant Pathology/Shutterstock.com; 109: Tianika/Shutterstock.com; 110: Syda Productions/Shutterstock.com; 111 o.: fotografermen/Shutterstock.com; 111 u. li.: Eag1eEyes/Shutterstock.com; 111 u. re.: Mohammad Saiful Islam/Shutterstock.com; 112 o.: Bildagentur Zoonar GmbH/Shutterstock.com; 112 u.: Peter Turner Photography/Shutterstock.com; 113 o. li., o. re., u. li., u. re.: Vyaseleva Elena/Shutterstock.com; 114 o.: Volodymyr Plysiuk/Shutterstock.com; 114 u. li.: VICUSCHKA/Shutterstock.com; 114 u. re.: Del Boy/Shutterstock.com; 115 o.: Jiri Vaclavek/Shutterstock.com; 115 u. li.: tchara/Shutterstock.com; 115 u. re.: JIL Photo/Shutterstock.com; 116 o.: oat.s/Shutterstock.com; 116 u.: Alexander Raths/Shutterstock.com; 117 o.: igorstevanovic/Shutterstock.com; 117 u. li.: Malivan_Iuliia/Shutterstock.com; 117 u. re.: Iakiv Pekarskyi/Shutterstock.com; 118 o.: thefoodphotographer/Shutterstock.com; 118 u.: Four-leaf/Shutterstock.com; 119: iravgustin/Shutterstock.com; 120: markus spiske/Shutterstock.com; 121 o.: Azdora/Shutterstock.com; 121 u.: Anne Kitzman/Shutterstock.com; 122 o.: HildaWeges Photography/Shutterstock.com; 122 u.: yuris/Shutterstock.com; 123 o.: Malivan_Iuliia/Shutterstock.com; 123 u. li.: LianeM/Shutterstock.com; 123 u. re.: Nagy-Bagoly Arpad/Shutterstock.com; 124 o.: LiAndStudio/Shutterstock.com; 124 u. li.: twinbooks; 124 u. re.: istetiana/Shutterstock.com; 125: Malivan_Iuliia/Shutterstock.com; 126 o.: Shulevskyy Volodymyr/Shutterstock.com; 126 u.: Leptospira/Shutterstock.com; 127 o. li.: Peter Turner Photography/Shutterstock.com; 127 o. re.: Karin Jaehne/Shutterstock.com; 127 u.: PathomP/Shutterstock.com; 128 o.: ElenaGaak/Shutterstock.com; 128 u. li.: Poprotskiy Alexey/Shutterstock.com; 128 u. re.: yuris/Shutterstock.com; 129: Graham Corney/Shutterstock.com; 130: Nikolay Gyngazov/Shutterstock.com; 131 o. li.: agrofruti/Shutterstock.com; 131 o. re.: MNStudio/Shutterstock.com; 131 u. li.: Yunava1/Shutterstock.com; 131 u. re.: Bildagentur Zoonar GmbH/Shutterstock.com; 132 o. li.: Petr Levicek/Shutterstock.com; 132 o. re.: pryzmat/Shutterstock.com; 132 u.: Frank Gaertner/Shutterstock.com; 133: Olha Shtets/Shutterstock.com; 134 o. li.: Bronwyn Photo/Shutterstock.com; 134 o. re.: Natalia Evstigneeva/Shutterstock.com; 134 u.: Robert Przybysz/Shutterstock.com; 135 o.: tchara/Shutterstock.com; 135 u. li.: FooTToo/Shutterstock.com; 135 u. re.: JNaether/Shutterstock.com; 136 o.: odecam/Shutterstock.com; 136 u.: Lithiumphoto/Shutterstock.com; 137 o.: LilKar/Shutterstock.com; 137 u.: Ilya Karnaukhov/Shutterstock.com; 138: thanmano/Shutterstock.com; 139 o.: Narupon Komsan/Shutterstock.com; 139 u. li.: sanddebeautheil/Shutterstock.com; 139 u. re.: Lithiumphoto/Shutterstock.com; 140 o.: dmf87/Shutterstock.com; 140 u.: Grandpa/Shutterstock.com; 141 o.: Atmosphere1/Shutterstock.com; 141 u.: Jurga Jot/Shutterstock.com; 142 o.: photowind/Shutterstock.com; 142 u. li.: Syda Productions/Shutterstock.com; 142 u. re.: JoannaTkaczuk/Shutterstock.com; 143: Violart/Shutterstock.com; 144: Tatiana Kapustina/Shutterstock.com; 145 o.: giulianax/Shutterstock.com; 145 u.: marilyn barbone/Shutterstock.com; 146 o.: Vadym Zaitsev/Shutterstock.com; 146 u. li.: yingko/Shutterstock.com; 146 u. re.: Chernik Serhiy/Shutterstock.com; 147 o.: bubutu/Shutterstock.com; 147 u. li.: YOROZU/Shutterstock.com; 147 u. re.: basel101658/Shutterstock.com; 148 o.: rodimov/Shutterstock.com; 148 u.: Barabasa/Shutterstock.com; 149 o.: Nuk2013/Shutterstock.com; 149 u.: Francescomoufotografo/Shutterstock.com; 150: morrison/Shutterstock.com; 151 o.: Maljalen/Shutterstock.com; 151 u. li.: Miriam Doerr Martin Frommherz/Shutterstock.com; 151 u. re.: gorillaimages/Shutterstock.com; 152 o.: Songsak P/Shutterstock.com; 152 M.: riccardo bruni/Shutterstock.com; 152 u.: CCat82/Shutterstock.com; 153 o.: Tobias Arhelger/Shutterstock.com; 153 M.: Cary Bates/Shutterstock.com; 153 u.: Ana Photo/Shutterstock.com; 154 o.: jabiru/Shutterstock.com; 154 M.: Antonova Ganna/Shutterstock.com; 154 u.: LianeM/Shutterstock.com; 155 o.: freya-photographer/Shutterstock.com; 155 M.: Robyn Mackenzie/Shutterstock.com; 155 u.: Anjo Kan/Shutterstock.com; 156: twinbooks; 159: twinbooks; Umschlagabbildungen: Shutterstock.com